自ら学ぶ子ども

4つの心理的欲求を生かして学習意欲をはぐくむ

櫻井茂男
［著］

図書文化

プロローグ　なぜ、あの子はやる気を出してくれないのか

知的な能力が十分あるため、やる気さえ出してくれれば、相当よい成績を取れるのに、と思われた中学2年生のAさん。彼女はどうして、やる気が出なかったのでしょうか。サッカーが上手で、やる気さえあれば、サッカー部に入部して活躍できたはずなのに、と思える小学5年生のB君。彼はどうして、サッカー部に入らなかったのでしょうか。

担任である私とは気軽に話せるのに、級友とは打ち解けられず、一人の友達もできずに中学校を卒業したCさん。彼女はどうして級友とかかわろうとしなかったのでしょうか。

これらはおそらく、子ども自身の力ではやる気を出せず、さらに教師や親の働きかけによってもやる気を出せなかった事例だと思われます。こうした事例では、子どもがその気にさえなれば、すなわち「やる気」をうまく出すことさえできれば、よい成績を取れたり、スポーツで活躍できたり、友達と仲よく楽しく過ごせたりできたはずです。なぜやる気を出せなかったのか、あるいはなぜ教師や親はやる気を出させる対応ができなかったのか、これらはとても大きな問題だと思います。

やる気を出せなかったばかりに、彼らはやりきれない思いや寂しい思いをしたはずです。また、彼らを指導した教師や親も、そばにいてもどかしく思ったり、切ない思いをしたりしたに違いありません。なかには、何とかしてあげたいとの強い気持ちから、「つい余計なことをいってしまい、かえって子どものやる気を削いでしまった」と悔いている方もおられるのではないでしょうか。

子どものやる気が出ない理由をしっかりとらえ、適切な対応をすること、それはとても大切で、同時にとてもむずかしい問題でもあります。しかし、教師や親に解決したいという強い意志があり、さらに心理学での研究成果をうまく生かすことができれば、決して解決できない問題ではありません。

やる気には、だれでも比較的簡単に発揮できるというすばらしい性質がありますが、同時に、長続きさせることがむずかしいという困った性質もあります。勉強ができるようになりたいと思っても、よい点を取れないとすぐにあきらめてしまう子や、友達をつくろうと意欲的になっても、うまくいかないと途中で挫折してしまう子も多いのです。この点については、読者のみなさんは百も承知だと思います。しかし、その対応方法についてはよくわからない点も多いのではないでしょうか。

そこで本書では、こうした面にも配慮して、①まず子どもにやる気を発揮させ、②次にそのやる気を維持させ、③最終的に各自の目標を達成できるような子どもに育てるための教師や親の対応方法を、具体例を示しながら提案していきたと思います。

その基本的な流れを示すために、本書では「自ら学ぶ意欲のプロセルモデル」（第2章参照）を提案しています。これはいままでの研究や経験に基づいて作成されたモデルで、2017年改訂の学習指導要領で強調されている「主体的・対話的で深い学び」を実現できるモデルでもあります。もちろん、それを目的にこのモデルを作成したわけではありません。自ら学ぶ意欲は、もともと「主体的・対話的で深い学び」を実現できるすばらしい学習意欲なのです。私はそのことを、わかりやすいモデルで示したにすぎません。

また、本書では頁数の関係で「やる気（動機づけ）の心理学」についての詳細は説明しておりません。詳しい研究成果などをお知りになりたい方は、拙著『自律的な学習意欲の心理学―自ら学ぶことは、こんなに素晴らしい―』（誠信書房）をご参照ください。

本書を読み終えられた読者のみなさんが、冒頭の事例に対する具体策を複数思いつくことができれば、本書を執筆した意図は十分に達成されたものと判断いたします。それは筆者として無上の喜びであり、そうなることを切に願っております。

目次

【第Ⅰ部　理論編】

やる気をどうとらえるか

第1章　やる気のメカニズム

やる気はどのように発揮され、維持されるのでしょうか。本章ではやる気に関連する心理学用語を簡単に説明し分類を踏まえたうえで、やる気に関する三つの理論を紹介します。いずれの理論もやる気を発揮・維持するために重要な情報を含んでいます。これらの理論を参考に、続く第2章で、私の考える「自ら学ぶ意欲のプロセスモデル」を紹介していきます。

1　やる気とはなにか

やる気というと、読者のみなさんは、どのような状態を思い浮かべるでしょうか。私は以前先輩の先生からこのことを問われ、「意欲満々でエネルギッシュに何かを成し遂げようとしている状態」とお答えしました。すると先輩は「まあ、そういう状態もあるけれど、そればかりでは疲れちゃうよな、もっとクールなやる気の状態もあるのでは？」と返されました。たしかによく考えてみると、意欲満々で活動している状態だけでなく、沈思黙考、静かに深く考えている状態もあるのだと思いました。私たちはどちらかといえばホットなやる気に目を奪われがちです。でも実はどちらのやる気も大切であり、後ほど説明する「動機づけ」という過程では、それぞれ重要な機能を有することがわかります。子どもをみるときも、この二つのやる気があることを肝に銘じておくことが大事です。

それでは、やる気の詳しい説明に入ります。日常語では「やる気」あるいは「意欲」という言葉をよく使いますが、心理学では「動機」という専門用語を使います。さらに、やる気に関連する心理学の専門用語として「目標（ゴール）」「欲求」「動機づけ（モチベーション）」などもあります。本書でもたびたび登場しますので、ここで少し説明しておきましょう。

やる気や意欲は、心理学の「動機」とほぼ同義です。動機とは「何かを達成しようという気持ち」です。積極的な場合には（この場合が多いです）何かを達成「したい」という気持ちに、消極的な場合には何かを達成「しなければならない」という気持ちになります。何かを達成しようとするときの「何か」を心理学では「目標（ゴール）」というため、やる気は「目標を達成しようとする気持ち」とより正確にいいかえることもできます。

さらに、動機のもとになるものとして「欲求」があります。そのなかの生理的欲求については、みなさんよくご存知のことと思います。具体的には食欲や睡眠欲、性欲です。そして生理的欲求のほかにも大きく三種類の欲求が知られています（詳しくは第2章参照）。そ学ぶ場面での欲求（何かを学びたいというやる気のもと）に限定しても、「知的好奇心」や「有能さへの欲求」があります。どちらも漠然とした気持ちで、「未知のことやより詳しいことを知りたい」という気持ちが知的好奇心、「もっと有能になりたい」という気持ちが有能さへの欲求です。それらは現実的な場面で具体的な目標が設定されると（例えば「テコの原理を知りたい」、「関数の問題が解けるようになりたい」など）、その目標を達成したいというやる気になるわけです。まさに欲求はやる気（動機）のもとと考えられます。

ここで、大事なことが一つあります。それは、欲求は、しぼむことはあっても、なくなることはないということです。食欲がよい例で、満腹になれば一時的にしぼみますが、食が不足すると再びふくらみ活性化します。学習、友達関係やスポーツにおいてやる気のもとになる欲求も同様の性質をもっていて、刺激してあげれば、欲求は活性化します。その刺激（欲求を活性化〈喚起〉する要因）にはどのようなものがあるのか、またどのようなものが有効なのか、などについては第Ⅱ部の実践編で詳しく紹介したいと思います。

用語説明の最後として「動機づけ」について説明します。動機づけとは「ある行動を引き起こし、その行動を持続させ、そして一定の方向に導くプロセス」と定義されます。これまでの用語説明に基づいて考えれば、「欲求を活性化（喚起）する要因→欲求→動機（やる気：目標の設定）→目標達成行動→目標の達成→満足」というプロセスと理解すればよいでしょう。もちろん目標が達成できない場合には、目標を修正し、再度行動して成功し満足する、というプロセスが続きます。ただ、何度トライしても失敗続きで目標が達成できない場合、こうした動機づけのプロセスが一時的に起こらなくなることもあります。学びの場面でいえば、学ぼうとするやる気が一時的にしぼんでしまうということです。

欲求を活性化（喚起）する要因について、例えば渇きの欲求の場合なら、野球やサッカーなどの運動がこれに当たります。運動によって、渇きが生じるからです。これは単純でわかりやすいでしょう。学びの欲求の場合は、少し想像しづらいかもしれません。学ぶことがおもしろそうだ、楽しそうだと思えること（例えば、授業の導入が巧みで、知的好奇心が刺激されること）や、よい点が取れそうだと思えること（例えば、算数のテストでよい点が取れて、次回のテストでもよい点が取れそうだと、有能さへの欲求が刺激されること）がやる気を喚起してくれることが多いかと思います。これらは子ども自身が「どう思えるか」（認知）に依存するため、かなり個人的でナイーブな要因です。

ここで動機づけというプロセスと、欲求、動機（やる気）、目標といった用語をより深く理解していただくために、以下の例（櫻井、２０１７）を紹介します。学習場面のやる気（自ら学ぶ意欲）の例については、第2章を参照してください。

炎天下の校庭で子どもたちが野球の練習をしています。激しい練習の結果（欲求を喚起する要因）、「何かを飲みたい」という渇きの欲求が起こりました（欲求の発生）。休息用のテントの中には三種類の飲み物（水、麦茶、スポーツドリンク：これを誘因と呼ぶことがあります）が用意されています。ある子は麦茶を、ある子はスポーツドリンクを飲みたいと思いました（動機の形成：目標の設定）。休憩時間になり、子どもたちはテントの中に走りこみ、思い思いの飲み物を飲んでのどを潤しました（目標達成行動と目標の達成）。のどの渇きはおさまり、子どもたちは満足して次の練習に励みました。

2　やる気の分類

やる気に関連する心理学用語を説明しました。次に学びにおけるやる気の分類を説明します。ここからは、これまでの私の研究や著作との関連で「学習意欲」という用語を使います。

図1‐1（16頁）をご覧ください。学習意欲は、まず「自ら学ぶ意欲（自律的な学習意欲ということもあります）」と「他律的な学習意欲」に分類されます。自ら学ぶ意欲とは、文字通り自発的に学ぼうとする意欲です。一方、他律的な学習意欲とは、他者からの指示やプレッシャーによって、（多くの場合は仕方なく）学ぼうとする意欲です。

自ら学ぶ意欲は、さらに「内発的な学習意欲」と「自己実現のための学習意欲」に分類されます。内発的な学習意欲は、心理学の専門用語では内発的動機（づけ）といい、知的好奇心（簡単にいえば興味・関心）に基づいて、「おもしろいから学ぼうとする意欲」です。この意欲には、意識的（自覚的）に学ぼうとする場合もありますが、幼児や小学校低学年の児童では「非意識的に」おもしろいから学んでしまう、という場合のほうが多いと思われます。

一方、自己実現のための学習意欲は、人生や将来の目標（例えば「理科の教師になりたい」、「時間のあるときはボランティアをしたい」など）を達成するために「意識的（自覚的）に」学ぼうとする意欲です。内発的な学習意欲が現在（いま楽しいこと）を志向しているのに対して、自己実現のための学習意欲は未来（人生目標や夢の実現）を志向している点でも異なります。またそれに加え、内発的な学習意欲は幼少期からあるのに対して、自己実現のための学習意欲は中学生ごろよりあらわれるという違いもあります。

なお、自ら学ぶ意欲は「自律か他律か」という軸に基づいて「自律的な学習意欲」と表現されることもあります。しかし自律的とは己を律する（コントロールする）ことであり、「意識的（自覚的）な」意欲であることが明確です。先に紹介した通り、自己実現のための学習意欲はまさに自律的といえます。しかし、内発的な学習意欲のなかには、幼少期のそれのように非意識的な

- 学習意欲
  - 自ら学ぶ意欲（自律的な学習意欲）
    - 内発的な学習意欲
    - 自己実現のための学習意欲
  - 他律的な学習意欲

図１－１　学習意欲の分類（櫻井，2017）

ものがあることから、これら二つの意欲の総称としては、「自律的な学習意欲」よりも「自ら学ぶ意欲」のほうが適切ではないかと考えています（私は発達心理学者なので！）。研究者によっては、自律か他律かという軸の内容のほうを重視して、自律的な学習意欲という名称のほうが適していると考える方もおられます。

ところで読者のみなさんは、大学の教職の授業（教育心理学など）で「外発的動機づけ（外発的な学習意欲）」という用語を学んだことを覚えておられますか。おそらく、内発的動機づけ（内発的な学習意欲）と対になって登場し説明がなされたと思います。実はこの二つの概念は、「目的か手段か」という軸により分類されています。内発的な学習意欲は、学習それ自体が「目的」となる意欲です。わかりやすくいえば、「学習すること自体がおもしろいから、学習をする」ということです。

一方、外発的な学習意欲は、学習が「手段」となり、目的は学習以外のことにあります。例えば、「ご褒美をもらうために学ぶ」とか、「あこがれの高校に入るために学ぶ」などです。この分類によれば、自己実現のための学習意欲も他律的な学習意欲も、外発的な学習意欲に分類されることになります。

３　自ら学ぶ意欲による輝かしい成果

さて、ここで自ら学ぶ意欲の成果を、他律的な学習意欲と比較して簡単に紹介します。欧米やわが国での研究を分析した結果（櫻井、２００９）によると、自ら学ぶ意欲によって学んでいる場合には、知的好奇心や有能さへの欲求が作用するため、より深い学びが生じ、質的な面を中心に学業成績が向上、思考力や創造力も高まります。結果として学校での適応もよく、精神的にもより健康である、とまとめられます。この輝かしい成果ゆえに、自ら学ぶ意欲が教育上、とくに推奨されるのです。さらにいえば、２０１７年改訂の学習指導要領で児童生徒にはぐくむよう求められている「主体的・対話的で深い学び」は、自ら学ぶ意欲を育成することによって達成できるものと考えられます（第２章63頁参照）。

４　やる気に関連する三つの理論

やる気についての説明が一段落したところで、やる気に関する主要な理論を三つ、櫻井（２０１７）を参考にしながら紹介します。まずは、理論の概略からです。

一つ目は、私の恩師のアメリカ・ロチェスター大学のデシ先生（Deci）ならびにライアン先生（Ryan）が主導されてきた「自己決定理論（self-determination theory：SDTと略します）」です。人間の動機づけについての基本的な理論で、その名の通り人間が学ぶことや働くことなどの多くの活動において「自己決定的（自律的）であること」が、高いパフォーマンスや精神的な健康、幸福感をもたらすとする理論です。当初は四つのミニ理論（櫻井、２００９）で構成されていましたが、すぐに五つ（櫻井、２０１２）になり、現在では六つ（櫻井、２０１７）になっています。ここ何年かで大きな理論に発展しました。私のやる気の概念（自ら学ぶ意欲）もこの理論から大きな影響を受けています。ポイントは、わが国では重視されることの少なかった、「自己決定的であること」に注目している点です。

デシ先生はご高齢を理由に、現在は研究の第一線から退かれています。先生はとても偉

デシ先生と著者（1990年，デシ先生の研究室にて）

大な方ですが、自宅にお招きした際には、嫌がる（?）息子（当時1歳半）を抱っこしてくださったり、家内がつくったとんかつ（はじめての経験であったような?）に大量のソースをかけて「これはおいしい」と食べてくださったりするなど、気さくな方です。先生のやさしさに感謝しています。

二つ目は、「期待×価値理論」です。これは目標が達成される主観的な見込み（「できそうだ」という気持ちのことで、これを「期待」と呼びます）と、目標の達成によってもたらされる主観的な望ましさや魅力（「価値がある」という感覚のことで、これを「価値」と呼びます）によって動機づけ現象を説明する多くの理論の総称です。価値理論としてエックルズ（Eccles, 2005）の価値づけを、期待理論としてバンデューラ（Bandura, 1977, 1986, 1997）の結果期待と効力期待を、そしていずれの流れも汲む理論としてワイナー（Weiner, 1972, 1979, 1985）の原因帰属に基づく達成動機づけ理論を、この後紹介します。

三つ目は、「自己調整学習」に関する理論です。本書で私が提案する「自ら学ぶ意欲のプロセスモデル」（第2章参照）では、この理論の研究成果（とくに学習調整方略や見通し、振り返りなど）が参考になりました。当初のモデル（櫻井、２００９）は、自ら学ぶ意欲のうちでも内発的な学習意欲が中心でしたが、本書の新しいモデルでは、自ら学ぶ意欲のうちでも自己実現のための学習意欲を強く意識したため、自己調整学習の研究成果が役立ちました。また、２０１７年改訂の学習指導要領における「主体的・対話的で深い学び」（とくに主体的で深い学びの部分）の実現や、メタ認知（第2章および第6章参照）的な学習活動を重視する今後の学習研究において、本理論は重要な役割を果たすものといえます。

5　自己決定理論

前節で紹介した通り、これは六つのミニ理論で構成されます。提唱された順に、①認知的評価理論、②有機的統合理論、③因果志向性理論、④基本的心理欲求理論、⑤目標内容理論、⑥対人関係動機づけ理論、です。詳しく説明すると膨大な頁数を要するため、ここでは今後の議論に必要と思われる①、②、④、⑤を簡単に紹介します。英語が得意な方はデシ先生とライアン先生による総括的な著書（Ryan & Deci, 2017）が刊行されましたので、ご覧ください。また、櫻井（２０１７）や西村（２０１９）で概略が理解できます。

⑴認知的評価理論

最も初期の理論で、デシ先生が世界的な心理学者としてデビューするきっかけとなった理論です。ご褒美など外的な報酬により、内発的な学習意欲が低下する現象（アンダーマイニング現象）をおもに理論化しています。従来は、学習がうまくできたときにご褒美を与えると、学習意欲は高まると予想されていました（いまもそう思っている人は多いかもしれません）。しかしこと内発的な学習意欲に関しては、ご褒美によって低下することが実証され、従来の常識を覆す研究成果が理論化されたのです。説明原理は簡単です。もともと自発的になされていた「おもしろく楽しい」学習に強制的にご褒美が与えられると、その学習はとたんにご褒美を得るための手段と化します。他者からやらされているという被統制感が高まり本来のワクワク感が低下するため、ご褒美がなくなると学習しなくなる、というものです。当然といえば当然ですが、それまでにはわからなかったことでした。

子育てや教育場面に当てはめて考えると、親や教師は子どもが主体的に行っている活動に対して、ご褒美で釣ることはしないほうが得策だということでしょう。たとえ一層意欲的に活動してほしいとの教師心や親心からだとしても、子どもが本来的にもっている内発的な学習意欲（おもにその子の興味・関心）の芽を摘む結果になってしまうのです。

(2) 有機的統合理論

無気力から外発的な学習意欲を経て内発的な学習意欲にいたる過程を、自律性の程度で段階づけた理論です。図1－2（24頁）を参照しながらお読みください。注目したい点は二点です。

一つ目は、外発的な学習意欲を自律性の程度によって四つの調整スタイル（意欲をどう調整しているかという観点でわけたもの）に分類し、「外的」と「取り入れ的」スタイルを合わせて「他律的動機づけ」、「同一化的」と「統合的」と「内発的」（統合的と内発的を合わせて「内的」と表現することが多いです）スタイルを合わせて「自律的動機づけ」としたことです。

二つ目はそれらの調整スタイルあるいは動機づけがもたらす効果について、自律性が増すほどパフォーマンスが高く、健康状態がよいとの仮説を提示したことです。ただ、私が提案している「自ら学ぶ意欲」では、同一化的調整スタイルは自己実現のための学習意欲に、内的（内発的＋統合的）調整スタイルは内発的な学習意欲にほぼ対応するため、この二種類の調整スタイルをまとめて「自律的動機づけ」と称することには抵抗があります。先述の通り、内発的な学習意欲はそれほど自律的（自覚的）ではないからです。

この理論の成果として大事なことは、同一化的調整スタイル（私の考える「自己実現のための学習意欲」）は学業成績を促進し、内的調整スタイル（私の考える「内発的な学習

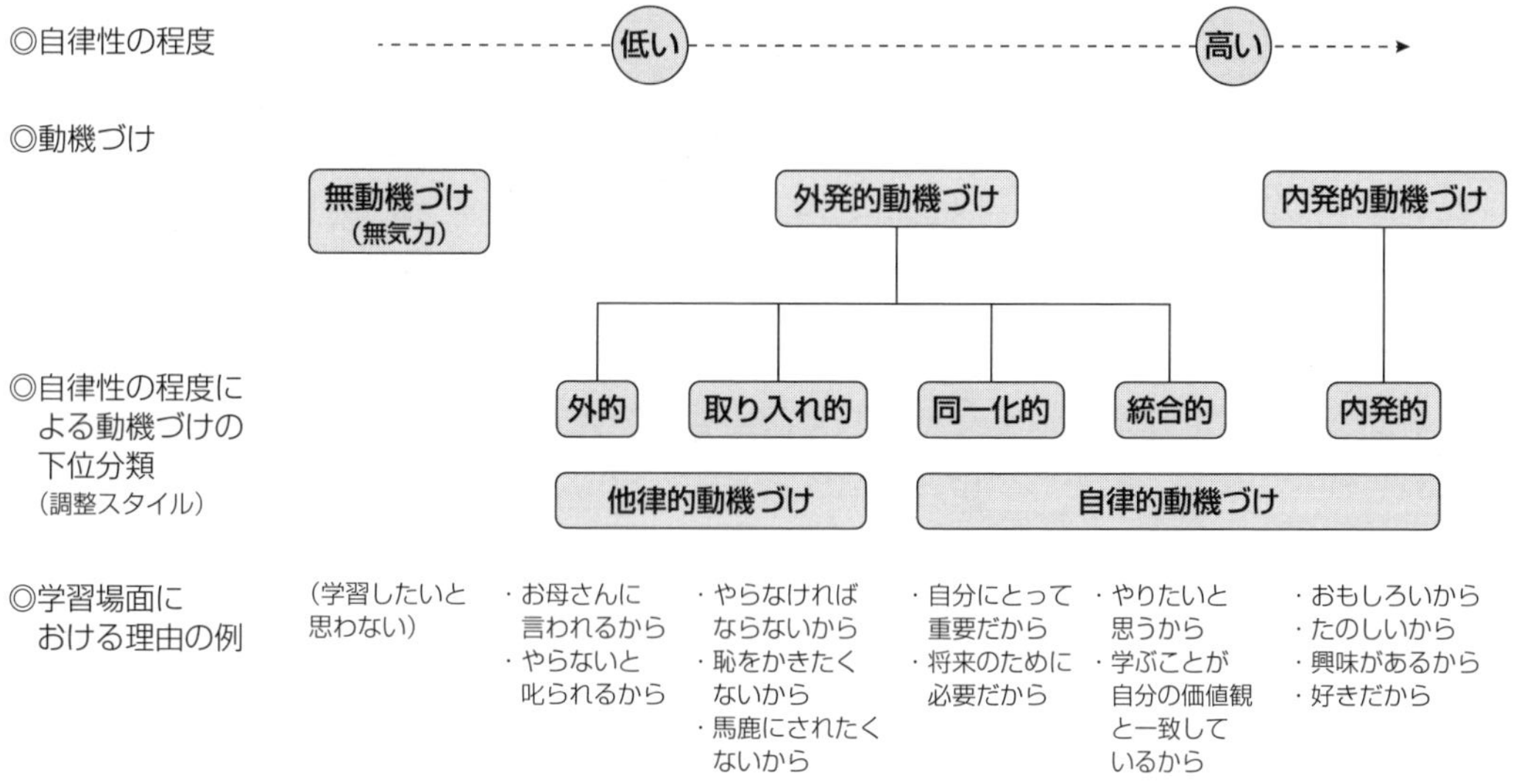

図1－2　学習意欲の分類（櫻井，2012）

意欲」）は学業成績とともに学校適応や精神的な健康を促進するという結果が多く報告されていることです。すなわち、子どもの自ら学ぶ意欲は、学業成績を向上させ、精神的に健康でより適応的な生活を可能にするということです。さらに、大人の場合にも、仕事、子育て、スポーツ、ボランティア活動などにおいてほぼ同じことがいえるようです（櫻井、２００９）。

⑶基本的心理欲求理論

人間の基本的な心理欲求についての理論で、自己決定理論のなかでは四番目に（実際には「基本的欲求理論」として）登場したミニ理論ですが、最も基礎的な内容といえます。人間の基本的な心理欲求として、「①有能さへの欲求（コンピテンス欲求）、②自律性の欲求、③関係性の欲求を仮定し、これらが充足されることによって人間は健康で幸福に生きられる（仮説１）」と仮定しました。この三つの欲求のなかでは、関係性の欲求、すなわち「周囲の人たちと信頼関係を構築・維持したい」という欲求が、最も新しく加わった欲求です。さらにこの理論では、「こうした欲求は普遍的なものであるため、世代や性別や文化を越えて誰にでも当てはまる（仮説２）」と仮定しています。

櫻井（２００９）のレビューによれば、これら二つの仮説は支持される方向にあります。

ただ、この三つの欲求の充足だけで、人間がほんとうに幸福に生きられるのかは、まだはっきりしません。私自身は自律性の欲求は有能さへの欲求に含まれるものと考えています。というのは、自律的であることは、有能であることのトップに位置づけられる（他者から段取りを指示されて成功するより、自分で段取りを決めて成功するほうが有能さが高い）と判断するからです。さらに、こと学習に関していえば、従来からよく指摘されている「知的好奇心」（波多野・稲垣、１９７１、１９７３）は基本的な心理欲求の重要な要素ではないかと私は考えており、それゆえ自らのモデル（第２章参照）に取り入れました。

⑷目標内容理論

人生目標（life goal or aspiration：「将来目標」ともいいます、本書ではいずれの意味も含めたいので「人生・将来目標」と表記します）のもち方によって、基本的な心理欲求の充足のされ方が異なり、その結果、精神的な健康や幸福感にも影響を及ぼすとするのがこの理論です。前出の基本的心理欲求理論の応用編といえます。

人生・将来目標は「自律的」な目標と「他律的」な目標（自己決定理論では内発的・外発的という表現を使いますが、理論的な整合性から私は自律的・他律的を使います）に分けられます。櫻井（２０１７）によれば、中学生ごろの自律的な人生・将来目標とは「生き方を自分なりに選ぶこと、頼りになる友達をもつこと、人や社会の役に立つこと、健康で過ごすこと」などで、他律的な人生・将来目標とは「贅沢な物をたくさん買うこと、見た目が素敵といわれること、有名になること、偉くなること」などです。前者は本来の自分に正直に自己決定している目標であるのに対して、後者は他者の評価を気にして決定させられている目標となっています。

この理論は、子どもは自律的な人生・将来目標をメインにもって生きることが大事であると示唆します。そうすることで目標の達成に向けて努力している段階でも、目標が達成された段階でも、精神的に健康で幸福感も高いのです。ただし、他律的な人生・将来目標をもってはいけないわけではない点に留意する必要があります（だれでもある程度はもち、追求しています）。また、これまでの私どもの研究（西村・鈴木・村上・中山・櫻井、２０１７・菅原、２０１８）では、日本の中学生に限れば、他律的な人生・将来目標を強く追求することによるネガティブな影響は、弱いことがわかってきています。中学生では本来の自分を見つめる力がまだ弱いためだと思われますが、少し安心しました。高校生を対象とした研究はまだなされていないため、急務です。

6　期待×価値理論

(1) エックルズの価値づけ

学習が「自分にとって大切で、意味のあることだ」と思えない（何らかの有意義な価値づけができない）と、学習しようという気持ちにはなれません。エックルズ（Eccles, 2005）は、学習に対する価値として、①達成価値（課題をうまく解決することに対する価値）、②内発的価値（課題をすることがどの程度楽しいかという価値）、③利用価値（課題をすることが現在の生活や将来の目標達成などにどの程度役立つかという価値）、④コスト（課題をするためにどの程度の負担や努力が必要かということ）の四つを挙げています。

私が重視している「自ら学ぶ意欲」との関連でいえば、このうち、②内発的価値はまさに内発的な学習意欲における価値であり、①達成価値と③利用価値は、まさに自己実現のための学習意欲における価値です。①～③のような価値により、子どもが日々の学習行動にポジティブな価値づけを行えれば、自ら学ぶ意欲が湧いてくるものと想像できます。一方、④のようなコストによってネガティブな価値づけを行えば、「学習は大きな負担となる、時間がかかる」などの判断にいたり、意欲は湧いてこないものと予想されます。

ただ、「学習することが重要である、楽しい、将来役立つ」と思えても、「学習をうまく進められない、うまくできそうにない」と思ってしまえば、意欲は湧いてきません。それゆえ、価値づけだけでなく「自分でできそうだ、自分も努力すればできる」という期待をもつことも重要となります（続く(2)で詳しく取り上げます）。やる気には方向と大きさ（エネルギー）がありますが（桜井、1997）、まさに「方向としての価値づけ」と「大きさ（エネルギー）としての期待」のかけ算（期待×価値）によって、学習意欲は規定されています。単純ですが、有効な考え方だと思います。

(2)バンデューラの効力期待と結果期待

期待とは、将来こういったことが起こりそうだ、という見込みのことです。ある行動によって望ましい結果が得られそうだ、というポジティブな期待（結果期待：結果に対する期待）が生じれば、その行動は始発され持続される可能性が高いといえます。例えば、この課題を成し遂げればよい成績がもらえそうだ、と思えれば、課題を成し遂げるための学習行動が始発され持続されるでしょう。ただし、このような結果期待が強い場合でも、当該の学習行動がうまく遂行できるという期待（効力期待：効果的に遂行できるという期待）がなければ、学習行動は始発されても最後まで持続することはむずかしいようです。

この点がやる気の持続という面では重要です。

バンデューラ（Bandura, 1977）は、期待には結果期待と効力期待があり、行動の遂行・持続・達成にはいずれもが重要であるとしました。ただ、結果期待に依存することが必ずしもよいことではないとしたら、効力期待のほうがより重要と考えられます。効力期待は「自分は～することができる」という効力感を表すもので、自己効力感（セルフ・エフィカシー）と呼ばれることも多いです。なお、有能感は「自分は～ができる」という気持ちですが、自己効力感はその先にある動機づけ的な要素の強い「自分はやれば～ができる」という気持ちといえます。覚えておくと、心理学の本を読むときに役立つでしょう。

(3) ワイナーの達成動機づけ理論

卓越した基準で物事を成し遂げたいという気持ちを「達成動機」といいます。ワイナー（Weiner, 1972, 1979, 1985）によって、それが発現する一連の過程が**図1-3**のようにまとめられました。達成動機によって学習活動が始発・持続され、成功や失敗という結果で終わります。成功・失敗の原因を何かに求める（帰属する）ことを「原因帰属」といい、それがその後の感情（価値の一部）や期待、さらには行動に影響を及ぼすことを明らかにした点が重要です。これはその後、学習性無力感理論でも応用され、力を発揮しました

（第9章参照）。

成功の原因を「頭がよい（能力や才能がある）から」と、自分の内側にある、安定した要因に帰属すると、有能感や誇りといった肯定的な感情が生まれ、次もうまくいくだろうという期待も高まります。一方、失敗の原因を「運が悪かったから」と、自分の外側にある、変動する要因に帰属すると、驚きや悲しみは生まれても無能感や自責の念は生まれにくく、次もうまくいかないだろうという負の期待もそれほど高まりません。成功・失敗によって直接生じる成功感情（うれしさや喜び）や失敗感情（落胆や憂鬱）のほかに、こうした原因帰属を通して生じる感情や期待によって、後の行動は大きく左右されるのです。一般的に、成功は能力や普段の努力（内在的で安定的な要因）に、失敗は運（外在的で変動的な要因）や一時的な努力不足（内在的であるが変動的な要因）に帰属することが望ましいとされます。

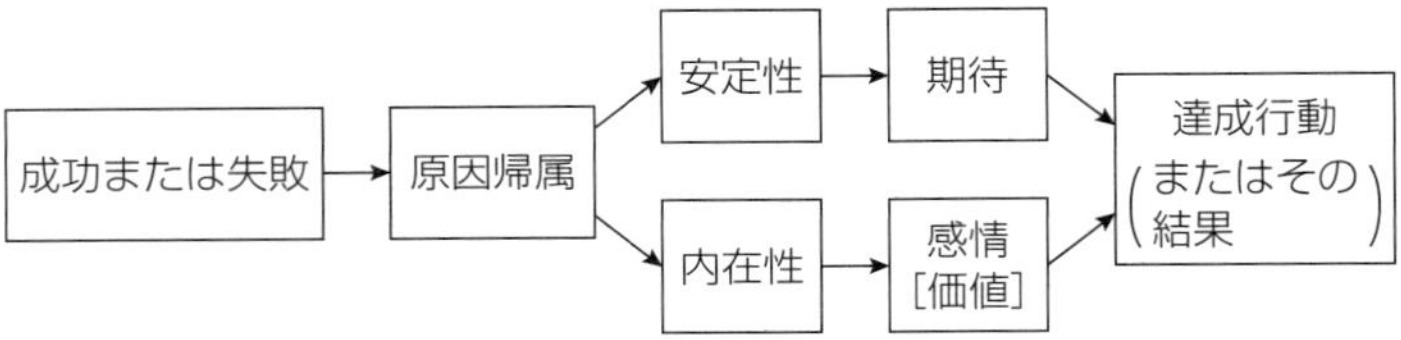

図1－3　ワイナーによる達成動機づけに関する原因帰属理論の流れ
（Weiner, 1972を改変；櫻井, 2009）

7　自己調整学習に関する理論

自己調整学習とは「学習者が、メタ認知、動機づけ、行動において、自分自身の学習プロセスに能動的に関与している学習」(Zimmerman, 1989) と定義されます。自己調整学習研究会 (2012) などによる一連の著作をみると、自己調整学習とは、心理学の多くの分野における研究成果を統合し、子どもたちが効果的に学習できるように考案された学習方法の総称、であるように思います。ここでいう「効果的」とは、適切な認知的方略やメタ認知的方略など (**表1-1**、34頁) を自発的に使用する、という意味です。

ここでは、ジマーマン&モイラン (Zimmerman & Moylan, 2009) を参考に、自己調整学習のプロセスをまとめた「循環的段階モデル」を簡単に紹介します。**図1-4**をご覧ください。このモデルは、①予見の段階、②遂行の段階、③内省の段階、の三つの段階で構成されます。この順序でフィードバック・ループを構成して、効果的な学習が進行することが想定されています。

予見の段階では、学習目標 (長期・短期の目標) の設定と学習のプランニング (方略使用の計画など) が行われます。学習する前の準備段階であり、目標を立て、意欲を喚起し、効果的な学習遂行のためにどのような方略を使用したらよいかなどを決めます。意欲的に課題に取り組むには、自己効力感（やればできるという気持ち）、興味・関心（内発的な学習意欲）や価値（達成価値や利用価値）があると望ましいといえます。

こうした準備ができると、遂行の段階（効果的な学習を行う段階）に進みます。自己調整学習で強調される多様な「方略」を巧みに使用し、学習課題をスムーズに解決できれば望ましいわけです。ここで使用される代表的な方略は**表1－1**に示しています。モニタリングにより、使用している方略が適切でないとわかれば、新たな方略へ調整します。また自己教示によって自分

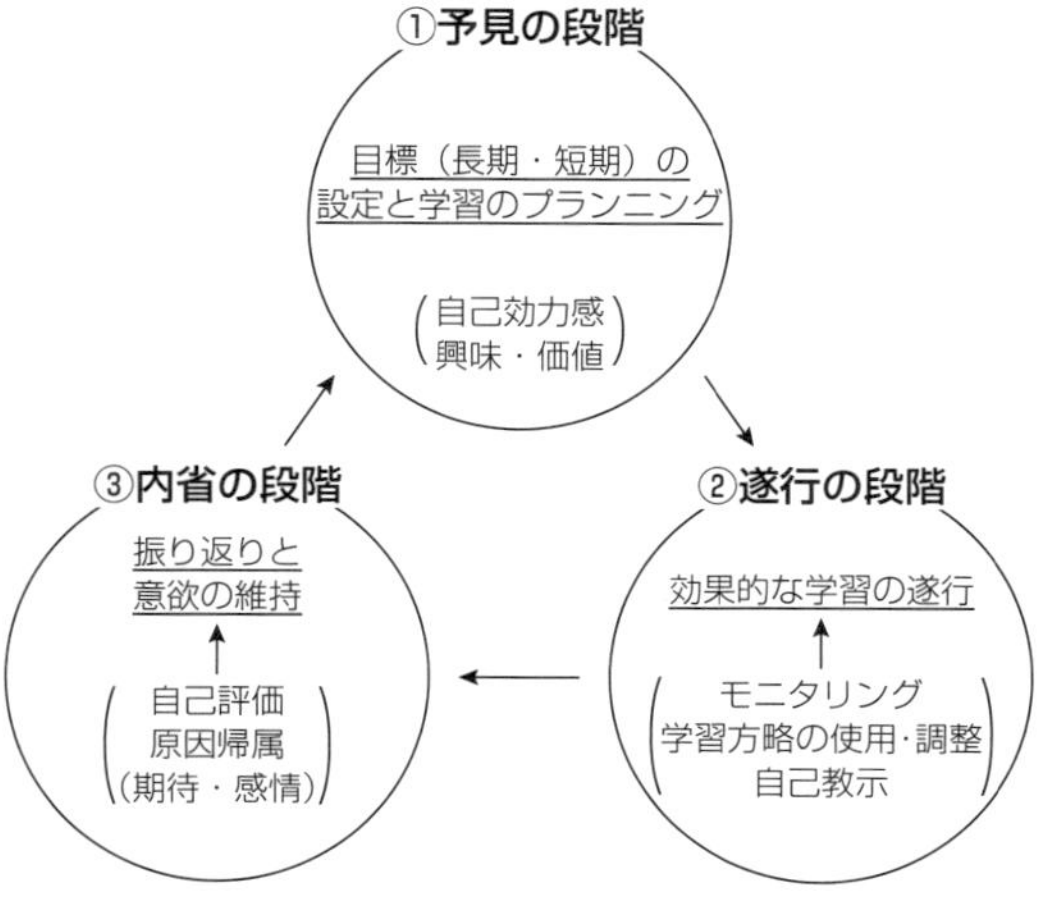

図1－4　自己調整学習の三つの段階

表１－１　ピントリッチの自己調整学習方略のリスト

（Pintrich *et al*., 1993；伊藤，2012）

上位カテゴリー	下位カテゴリー	方略の内容
認知的方略	リハーサル	学習内容を何度もくり返して覚えること
	精緻化	学習内容を言い換えたり，すでに知っていることと結びつけたりして学ぶこと
	体制化	学習内容をグループにまとめたり，要約したりして学ぶこと
	批判的思考	根拠や別の考えを検討すること 批判的に吟味して新たな考えを得ようとすること
メタ認知的方略	プランニング	目標を設定し，課題の分析を行うこと
	モニタリング	注意を維持したり，自らに問いかけたりすること
	調整	認知的活動が効果的に進むように継続的に調整をはかること
リソース管理方略	時間管理と 環境構成	学習のプランやスケジュールを立てて時間の管理をすること 学習に取り組みやすくなるように環境を整えること
	努力調整	興味がわかない内容やむずかしい課題であっても取り組み続けようとすること
	ピア・ラーニング	仲間とともに学んだり，話し合ったりして理解を深めること
	援助要請	学習内容がわからないときに教師や仲間に援助を求めること

を鼓舞することも必要です。これを「情緒的な学習方略」と呼ぶこともあります。

次は、内省の段階です。この段階では遂行結果を目標に照らして自己評価し、成功・失敗を判断するほか、原因帰属をすることも大切です。原因帰属の仕方によってその後の期待（自己効力感）や感情、学習行動などが影響を受けます。自己効力感が高く、学習への興味・関心が衰えなければ、再び予見の段階に進み好循環が繰り返されます。

■第1章のおさらい

「やる気」あるいは「意欲」とは、心理学における「動機」とほぼ同じ意味で「目標を達成したいという気持ち」のことです。また、「欲求」とは、やる気のもとになるものです。学びの場合でいえば、授業の導入部分などでの興味深い話などによって欲求が活性化され、そして具体的な目標（例えば、テコの原理を理解したいという目標）をもったやる気が生起します。やる気に続いて目標達成行動が起こり、そして目標が達成されると満足を得て、このプロセスは一応終了します。欲求を喚起する要因（興味深い話など）からはじまり満足で終わる一連のプロセスのことを「動機づけ」と呼びます。

学習意欲（学ぶ場面でのやる気）は、①自ら学ぶ意欲（自律的な学習意欲）と②他律的な学習意欲に分けられます。①はさらに③内発的な学習意欲と④自己実現のための学習意欲に分けられます。子どもたちが自ら学ぶ意欲を中心に学ぶと、質の高い学業成績や思考力や創造力、さらには精神的な健康や幸福感がもたらされると報告されています。こうした輝かしい成果から、自ら学ぶ意欲は、２０１７年改訂の学習指導要領における「主体的・対話的で深い学び」の実現に大きな貢献をする意欲と位置づけられます。

さらに、やる気（とくに自ら学ぶ意欲）を考える際に大事であると思われる三つの理論を紹介しました。①自己決定理論、②期待×価値理論、③自己調整学習に関する理論の三つです。自己決定理論は私の恩師であるデシ先生らによって主導されてきた理論であり、自己決定的であることを大事にします。期待×価値理論は、価値（学ぶことが自分にとって重要である、という気持ちなど）と期待（やればできるという気持ち）の掛け算によって動機づけの方向と大きさが決まると考えています。自己調整学習に関する理論では、動機づけ研究の成果を統合し、メタ認知や学習調整方略の重要性を指摘しています。いずれの理論も、自ら学ぶ意欲を考える際、さらには第2章で提案する「自ら学ぶ意欲のプロセスモデル」を作成する際にとても重要な情報を提供してくれました。

■引用文献

Bandura, A. (1977) Self-efficacy: Toward a unifying theory of behavioral change. *Psychological Review*, **84**, 191-215.

Bandura, A. (1986) *Social foundations of thought and action: A social cognitive theory*. Englewood Cliffs, New Jersey: Prentice-Hall.

Bandura, A. (1997). *Self-efficacy: The exercise of control*. New York: W H Freeman/Times Books/ Henry Holt & Co.

Eccles, J. S. (2005) Subjective task value and the Eccles et al. model of achievement-related choices. In A. J. Elliot & C. S. Dweck (Eds.), *Handbook of competence and motivation*, New York: Guilford Press.

波多野誼余夫・稲垣佳世子（１９７１）『発達と教育における内発的動機づけ』明治図書

波多野誼余夫・稲垣佳世子（１９７３）『知的好奇心』中央公論新社

伊藤崇達（２０１２）「自己調整学習方略とメタ認知」自己調整学習研究会編『自己調整学習』北大路書房、三一～五三頁

自己調整学習研究会編（２０１２）『自己調整学習』北大路書房

西村多久磨（２０１９）「第2章　自己決定理論」上淵寿・大芦治編『新・動機づけ研究の最前線』北大路書房

西村多久磨・鈴木高志・村上達也・中山伸一・櫻井茂男（２０１７）「キャリア発達における将来目標の役割：生活満足度、学習動機づけ、向社会的行動との関連から」筑波大学心理学研究、五三、八一～八九頁

Pintrich, P.R., Smith, D., Garcia, T., & McKeachie, W.J. (1993) Reliability and predictive validity of the motivated strategies for learning questionnaire(MSLQ). *Educational and Psychological Measurement*, **53**, 801, 813.

Ryan, R. M. & Deci, E. L. (2017) Self-determination theory: Basic psychological needs in motivation, development, and wellness. New York: Guilford Publishing

桜井茂男（１９９７）『学習意欲の心理学』誠信書房

櫻井茂男（２００９）『自ら学ぶ意欲の心理学』有斐閣

櫻井茂男（２０１２）「Theory2　夢や目標をもって生きよう！―自己決定理論」鹿毛雅治編著『モティベーションをまなぶ12の理論』金剛出版

櫻井茂男（２０１７）『自律的な学習意欲の心理学』誠信書房

菅原宏明（２０１８）「中学生の仕事価値観の構造と機能の検討」平成29年度筑波大学大学院人間総合科学研究科（心理専攻）修士論文

Weiner, B. (1972) *Theories of motivation: From mechanism to cognition*. Chicago: Markham.

Weiner, B. (1979) A theory of Motivation for some classroom experiences. *Journal of Educational Psychology*, **71**, 3-25.

Weiner, B. (1985) *Human Motivation*. New York: Springer-Verlag.

Zimmerman, B. J. (1989) A social cognitive view of self-regulated academic learning. *Journal of Educational Psychology*, **81**, 329-339.

Zimmerman, B. J. & Moylan, A. R. (2009) Self-regulation: Where metacognition and motivation intersect. In Hacker, D.J., Dunlosky, J.& Graesser, A.G. (Eds.), *Handbook of metacognition in education*. New York: Routledge.

■コラム１　自ら学ぶ意欲と学力

第１章で説明している通り（図1-1参照），自ら学ぶ意欲には「内発的な学習意欲」と「自己実現のための学習意欲」があります。こうした自ら学ぶ意欲は，2017年改訂の学習指導要領で求められている学力と，どのような関係にあるのでしょうか。

答えを先にいえば，自ら学ぶ意欲があれば，「求められている学力はほぼ獲得することができる」ということができます。順を追って説明します。

2017年の学習指導要領の改訂で，学力の要素は三つにまとめられました。「知識・技能」，「思考力・判断力・表現力等」「学びに向かう力・人間性等」です。

そして，これまでの研究によると（第２章参照），内発的な学習意欲は，一つには知的好奇心によってものごとを広くあるいは深く探究しようとする意欲であり，もう一つには有能さの欲求によってものごと（学習）がわかるように，できるようになろうとする意欲です。そのため当然，知識や技能（スキル）が獲得されること，さらに思考・判断・表現に磨きがかかり当該能力も高まることが期待できます。

さらに，自ら学ぶ意欲には，自己実現のための学習意欲がありますが，これは，学びを人生や社会に生かそうとする学びに向かう力，そのものといえます。将来の目標，とくにどのような仕事に就くのか，どのような生き方をするのかについての目標をほぼ定め，その達成に向けてがんばろうとするのがこの意欲なので，学びを人生に生かそうとする学びに向かう力といえます。また，この意欲は向社会的欲求にも基づいているため，学びを社会に生かそうとする学びに向かう力も含まれます。人間性等という部分の学力は，道徳性や向社会性の獲得と考えられますので，自己実現のための学習意欲でかなりカバーできるといえます。

第2章　やる気はどこからくるのか

本章ではやる気のもとになる四つの心理的欲求を説明した後、これらの欲求を中心に、これまでのやる気研究の成果（第1章参照）をベースに作成した「自ら学ぶ意欲のプロセスモデル」を紹介します。さらに、自ら学ぶ意欲がもたらす輝かしい成果についても説明します。

1　学びにおけるやる気と欲求

やる気と聞いて最初に思い浮かぶのは、学びにおけるやる気、すなわち学習意欲ではないでしょうか。本章では、学びにおける代表的なやる気である「自ら学ぶ意欲」を中心に説明します。ただ、やる気には、学びの場面だけでなく、友達との関係場面でのやる気や、部活動場面でのやる気もありますので、こうした多様な場面におけるやる気についても随時触れていきます。とくに第Ⅱ部の実践編で詳しく取り上げたいと思います。

さて、学びにおけるやる気を考えた場合、学校での学びにはあまり関心がない子どもでも、別のこと（例えば、写真をＳＮＳにアップすること）には関心をもっていることがあります。また学校の授業でも、ある場面（例えば、家庭科の調理実習）に限定すれば、やる気を発揮することもあるでしょう。私も、小学校から高校まで学校の勉強はあまり好きではありませんでしたが、「人間の心」には関心があり、大学では「教育心理学」を、大学院では「児童心理学」を専攻して研究者となりました。大学受験の際は消去法で選んだような専攻でしたが、私にとって未知であった心理学に出会えたことがラッキーでした。

実は、人間であればだれでも、学ぶことに対し一定のやる気が喚起されます。これこそが人間の大きな特徴で、魅力です。こうしたやる気は「心理的欲求」（表２－１、42頁参照）を源に一定のプロセスを経て学びにいたります。そして、学びに対する評価をし、その結果が心理的欲求などにフィードバックされ、多くの場合やる気に含まれる目標が修正され、同じようなプロセスが継続されます。これは第1章で説明した動機づけというプロセスですが、覚えておられますでしょうか。現在、こうした考えのもと多くの動機づけ研究が進められています（Ryan & Deci, 2017や西村、２０１９など）。

ここでは心理学研究の知見から、欲求についてやや詳しく説明します。一般に欲求は「人や動物の行動を活性化する源」ととらえられます。**表2－1**に、心理学の教科書でよく見る欲求を、大きく四つに分けてリストアップしています。

学びの場面におけるやる気との関連でいえば、達成欲求（有能さへの欲求の一つ）がよく知られています。達成欲求とは優れた水準で物事を成し遂げたいという欲求です。社会的欲求のなかに含まれる欲求で、同時に心理的欲求でもあるとされます。達成欲求が活性化すると、現実的な学習場面で高い目標を設定し、その達成のために学ぶという行動が起こり

表2－1　欲求の分類とその典型例

基本的欲求：生まれつきもっている欲求	①生理的な欲求：個体が生きるために必要な欲求で，生理的な基礎がある。 例：飢えの欲求，渇きの欲求，睡眠（休息）の欲求
	②種保存の欲求：種が保存されるために必要な欲求で，生理的な基礎がある。 例：性の欲求，母性の欲求
	③内発的な欲求：よりよく生きるために必要な欲求で，生理的な基礎がない。 例：活動欲求，好奇欲求あるいは好奇心，操作・探索欲求，認知（知る）欲求
社会的欲求：おもに社会での学習経験により獲得される欲求	例：達成欲求（有能さへの欲求の一つ），親和欲求，承認欲求，向社会的欲求，自己実現の欲求（成長欲求とも呼ばれる）
（注）心理的欲求とは，学びにおけるやる気のもとになる欲求で，表中の③内発的な欲求の一部と社会的欲求を指すことが多い。下線を引いた欲求は本書で取り上げている心理的欲求である。	

ます。例えば小学6年生の子どもが理科の授業で「テコの原理」がよくわからなかったとき、もっと理解したいとの思いから、放課後に級友と一緒に復習することや、帰宅後インターネットで詳しく調べることなどです。これこそ、優れた水準で物事を成し遂げたい（この場合は理解したい）という達成欲求のあらわれです。

これまでの研究では学びのすべてが心理的欲求で説明できるわけではありませんが（櫻井，２００９）、現在次の四つの心理的欲求がやる気の基盤になっていることが知られています。それらは、①知的好奇心、②有能さへの欲求（コンピテンス欲求ともいい、自律性への欲求を含みます）、③向社会的欲求、④自己実現の欲求、です。これからそれぞれの欲求についてと、こうした欲求がどのように学びへつながるか、やる気（おもに自ら学ぶ意欲）が発現するプロセスについても詳しく説明します。このプロセスの理解が、心理的欲求がしぼんでやる気の出ない子どもをサポートする際に大きな助けとなります。

2　学びのやる気を引き出す四つの心理的欲求

(1) 知的好奇心

子どもの学びに関する動機づけ研究のなかで最もよく知られている心理的欲求は、知的好奇心ではないでしょうか。私が若いころ、「知的好奇心」というタイトルの新書（波多野・稲垣、1973）が話題になりました。**表2－1**には好奇欲求あるいは好奇心と記載されていますが、ほぼ同じものです。新しいものや未知のものに興味・関心をもったり、探究したいと思ったりする気持ちであり、サルにも存在することが知られています。

幼児期は知的好奇心がとくに旺盛です。幼児（生後1歳半～小学校入学前）を観察していると、見たものすべてに興味・関心をもち、手で触ったり、口に入れたりして探究する姿をよく目にします。典型的な知的好奇心のあらわれです。3歳くらいになると、それまでの経験から特別に興味・関心を向ける対象が決まってきて、観察しているとそれが何かわかります。私の息子の場合はレゴでした。長時間、熱中していたことを覚えています。その後の知能検査で空間定位や空間構成の能力が優れており、建築関係の仕事に向いているのではないかと指摘されました。指摘通り、息子は建築関係の大学に進んでいます。

心理学では、何にでも興味・関心を向けて探究しようという好奇心を「拡散的好奇心」、限定されたことに強い興味・関心を向けて深く探究しようという好奇心を「特殊的（集中的）好奇心」といいます。いずれも大事で、広く浅く学んでみたり、一つのことを深く学んでみたり、そしてそれらが影響し合いよく考えることで新しい知識が生まれ、多様で深い学びが可能になります。この意味で、知的好奇心は創造性の源ともいえます。知的好奇心が充足されると、私たちは「学ぶことのおもしろさや楽しさ」を感じることができます。

⑵有能さへの欲求（コンピテンス欲求）

有能さへの欲求は、英語ではneed for competenceと書くため、「コンピテンス欲求」と訳されることもあります。これは、達成欲求を含むより大きな枠組みの心理的欲求で、簡単にいえば「有能でありたい」という欲求といえます。達成（優れた水準で物事を達成すること）は有能さを示す一つの指標ですが、その他にも成長（昔の自分よりもできるようになること）や優越（他者よりも優れること）も有能さを示す指標と考えられます。さらに、場合によっては、実際には有能ではない（優れた水準などで達成できない）が、「他者に無能であると見られたくない、あるいは他者に有能であると見られたい」という欲求も、この有能さへの欲求に含めることがあります。少し複雑ですが、有能であることには多くの要因が関連していることがわかります。

さて、有能さへの欲求が学びや仕事に対して喚起されることで、すばらしい作品を作曲したり（例えば、作曲家のモーツアルト）、すばらしい理論的成果を挙げたり（例えば、超難問といわれた「ポアンカレ予想」を証明したロシアの数学者グリゴリー・ペレルマン)、さらには優れた研究によってノーベル賞を受賞したり(母校の筑波大学関係者では江崎玲於奈先生）される方もおられます。こうした晴れがましい方々もさることながら、本書ではふつうの子どもたちの日常的な学びが有能さへの欲求によって支えられていることを説明していきたいと思います。なお、有能さへの欲求が充足されると、自信（自分はできるんだ、という思い）や効力感（やればできるんだ、という思い）が形成されます。

⑶向社会的欲求

三番目の向社会的欲求は耳慣れない用語ですが、どのような心理的欲求か推測できるでしょうか。「向社会的」とはprosocialという英単語の訳語です。この英単語は、「人の力になる、社会のためになる」ことを意味し、これを日本語で表現するために「向社会的」という言葉がつくられたと聞いています。ということで、向社会的欲求とは、人のためになりたい、社会に貢献したいという心理的欲求のことです。

これは人や社会と関係した社会的欲求で、前の二つの欲求とはやや異なります。人の役に立つためや社会に貢献するために学ぶこと、それがこの欲求によって導かれる学びです。例えば、理科が不得意な級友をサポートするために一生懸命授業を受けることや、幼いころに受けた差別をなくすために大学で社会学や法学の勉強に打ち込むこと、などがその例です。東日本大震災以来、こうした向社会的な学びが注目されるようになってきましたが、すばらしいことだと思います。この心理的欲求が充足されると「自己有用感」を感じることができます。さらに結果として、「自己充実感」も高まることが期待できます。

⑷自己実現の欲求

最後は、**表２－１**の最後に記載されている自己実現の欲求です。この欲求は、人格心理学者のマズローによる欲求階層説（**図２－１**、48頁）の提唱で有名になりました。彼によれば、自己実現の欲求とは自分の長所や適性を最大限に生かして自分らしく生きようとする欲求のことです。**図２－１**にあるように、人間にとって最も高次の欲求とされます。

ところで私は、自己実現の欲求は生まれてから形成される二次的・社会的な欲求と考えており、**図２－２**（49頁）に示したように、これまでに紹介した知的好奇心、有能さへの欲求、向社会的欲求の三つの欲求が統合・発展する形で形成されると仮定しています（櫻井、２００９、２０１７）。知的好奇心と有能さへの欲求により自分がとくに興味・関心があり、得意であることに没頭し、向社会的欲求によりそれを人や社会のために役立つこととして位置づけ、人生・将来目標を定めてさらに没頭する、という過程を通して自己実現の欲求は形成されるのではないかと考えています。

さらに、それぞれの欲求がなくなってしまうとは考えていない点を強調する必要があります。知的好奇心は、独立して内発的な学習意欲の源であり続けますし、有能さへの欲求は、学習領域ばかりでなく対人関係などほかの領域でも活発に働きます（櫻井、２００９）。さらに、向社会的欲求は、おもに対人関係領域において援助行動などの重要な源であり続けるでしょう。

なお自己実現の欲求は、キャリア発達・教育の領域でも、子どもが自分の人生・将来目標（例えば、英語が好きなので英語教師になることや、多くの人を助けるために医者になること）を明確にし、目標達成のために学ぼうとする過程で作用する重要な欲求と考えられています。さらに、子どもが人生・将来目標との関係

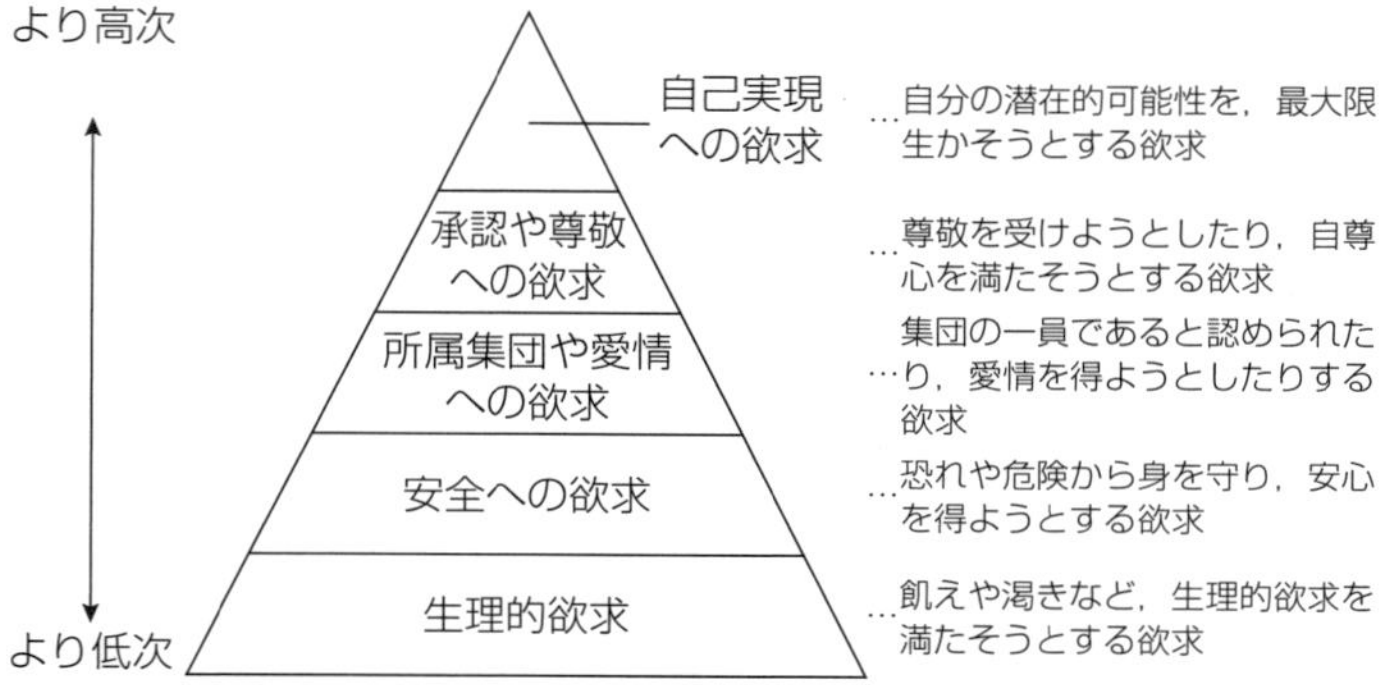

図２－１　マズローによる欲求の階層説（Maslow，1954；黒田，2010）

から、学校での勉強をうまく価値づけること（例えば、将来こうなりたいから、いまの勉強はそのために大事であると考えること）によって、学校での勉強を積極的に進めることが可能になると期待されています。

先述の通り、自己実現の欲求は知的好奇心・有能さへの欲求・向社会的欲求の統合・発展によって成立するものと仮定していますが、その時期はおおむね中学生ごろと考えています。それは心理学の知見から、中学生ごろになると、二次性徴の発現によって自分に注目するようになり、大人と同等の思考能力によって自分を客観的に分析し、自己理解を深めたうえで、将来を展望し自分らしい人生・将来目標をもてるようになるためです。キャリア発達・教育の領域

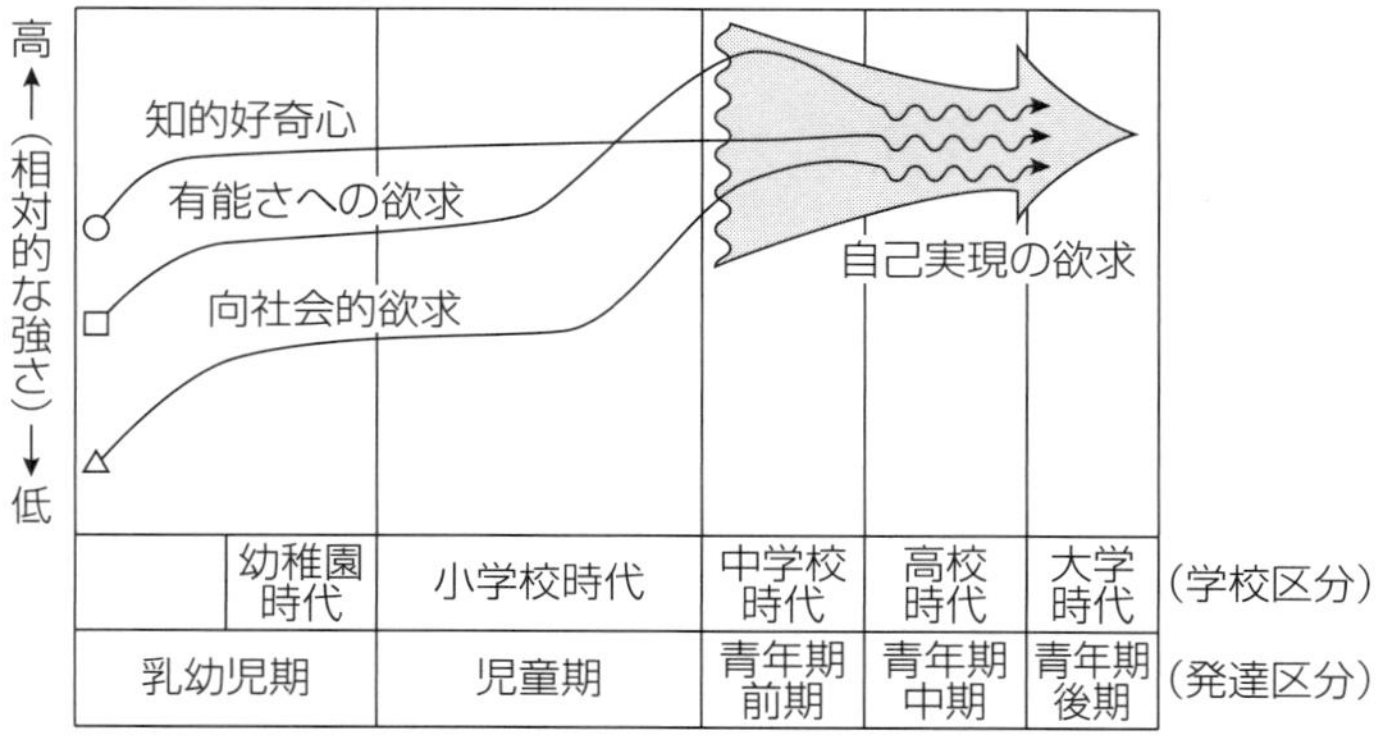

図２－２　自己実現の欲求の形成過程（仮説）（櫻井，2009を著者一部改変）

でも、この欲求はほぼ同じ時期から働くものと予想しています。

ただ、現実はどうでしょうか。いまの中学生は自己実現の欲求のもとに学んでいるのでしょうか。私はそうではないように感じています。この欲求が「学校場面で生かされていない」のが現状ではないかと思うのです。この点については第4章で、対策とともに詳しく論じます。なお、この欲求が充足されると「自己充実感」や「自尊感情」が高まります。

3　自ら学ぶ意欲が発現するプロセスとは―モデルの提案―

四つの心理的欲求を説明し、準備は整いました。ここから自ら学ぶ意欲が発現するプロセスについて私が考えたモデルを示し、櫻井（２０１７）を参考に詳しく説明します。

ここで紹介するのは、心理的欲求を重視する立場で作成された「自ら学ぶ意欲のプロセスモデル」（図2-3、53頁）です。このモデルでは、自ら学ぶ意欲がどのような要因によって生じ、どのような学習活動となってあらわれるのか、そしてその学習活動の結果は自ら学ぶ意欲にどのようにフィードバックされるのか、さらにそうしたプロセスはどのように調整されるのか、といった多くの問いに対して直接的な回答を示すものです。少々理解しにくい面もあるかと思いますので、ゆっくりお読みください。

なお、このモデルは、小学校高学年以上の（「メタ認知」がほぼ可能な）子どもを対象とし、おもに小・中学校での授業（学習）場面を想定して作成されています。図中にはなじみのない用語も登場しますが、まずその筆頭と思われる「メタ認知」について説明します。学習場面におけるメタ認知とは、自分の学習状態を自分の外側（一段高いところ）からみて、その状態を理解したり調整したりする働きのことです。「自己調整」もメタ認知とほぼ同じ意味です。こうした能力は、メタ認知能力あるいは自己調整能力といいます。

また、モデルの本格的な説明に入る前に、その特徴について一言、触れておきたいと思います。このモデルは私が以前に提案したモデル（櫻井、２０１０）よりもかなり複雑になっています。それは、おもに自己調整学習（第１章参照）についての研究成果を取り入れ、内発的な学習意欲とともに、自己実現のための学習意欲に基づく動機づけのプロセスを説明しようとしたからです。いいかえれば、従来のモデルは内発的な学習意欲が中心でしたが、今回のモデルは内発的な学習意欲をベースにしながらも、自己実現のための学習意欲を中心に置いたモデルといえます。このような特徴があることにご留意ください。

前置きはこのくらいにし、モデルの説明に入ります。**図２-３**では、子どもの自ら学ぶ意欲が発現するプロセス〈欲求・動機→見通し→学習活動→振り返り〈自己評価〉→認知・感情）と、そのプロセスに影響する三つの重要な要因〈メタ認知能力〈自己調整能力〉、情報、安心して学べる環境〉を配置しています。それぞれ詳しく説明します。

(1)安心して学べる環境と情報とメタ認知能力（自己調整能力）

自ら学ぶ意欲の発現プロセスが順当に生起するには「安心して学べる環境」と「情報」と「メタ認知能力」が必要です。

安心して学べる環境とは、物理的に安全な環境（例えば、適度な温度と湿度があり、危険がなく、落ち着いて学べるような教室）と対人的に安心な環境（例えば、サポートしてくれる教師や級友がいる教室）のことです。こうした環境が整えば、あるいは子ども自身でつくることができれば、子どもは学習に集中することができます。そして、大切な心理的欲求を充足する基盤が整備されたことにもなるわけです。

情報とは、授業場面を想定しているため、おもに授業や子どもがもっている知識、教師や級友、親など周囲の人が与えてくれるその他の情報（教えてくれること、テスト結果や成績の報告、ほめてくれること、叱ってくれることなど）のことです。こうした情報がなければ欲求は刺激されず、動機（やる気）も形成されないでしょう。また授業中に教師が子どもの学習の見通しについてコメントしたり、学習活動中に解決のヒントとなる情報を

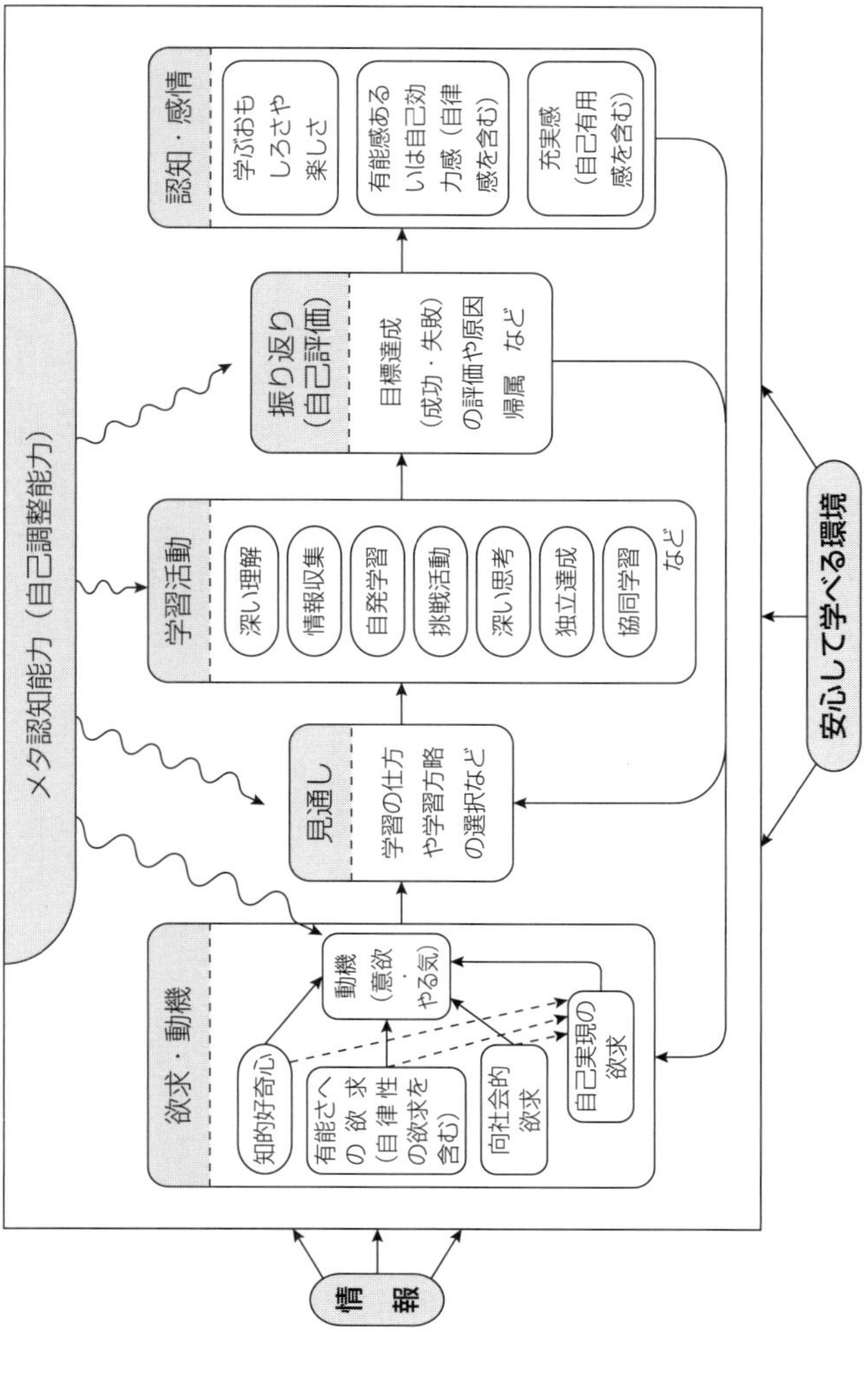

図2－3　自ら学ぶ意欲のプロセス

与えて激励したり、学習結果について教師としての意見をいったりすることももちろん情報に入ります。さらに、級友が助言すること、教えること、励ますことなども情報に入ります。学校の授業においては、こうした対人的なやりとりが重要です。

メタ認知能力（自己調整能力）は、既述のとおり、自分の学習状態を自分の外側から見て、理解したり調整したりする能力のことです。これはやる気のクールな面かと思います。この能力があるからこそ、子どもは学習のプロセスを上手にコントロールし、よりよい成果を挙げることができるのです。このようにメタ認知は重要な働きを担うため、このモデルはメタ認知が可能な子ども（小学校高学年以上）でないと適用できないと考えています。もちろん、小学校中学年の子どもでも、認知的な発達が早い場合にはこうしたメタ認知能力に基づく学習が可能です。この時期くらいから、自分を見つめる力を育てる指導が必要でしょう。授業の終わりに、授業中の自分の学習活動を振り返ったり、そうした振り返りをノートに記して教師に点検してもらったりすることが有意義です。

(2) 欲求・動機の段階

授業（おもに導入部分）による情報や子どもがすでにもっている知識などにより、子どもの知的好奇心や、有能さへの欲求（もっと理解できるようになりたい、学びたいなど）

が喚起され、積極的に学びたいという気持ち（動機：自ら学ぶ意欲）が生じます。有能さへの欲求には、自律的であることによる高次の有能さ（他律的な場面で成し遂げられたことによる有能さよりも高次の有能さ）を求める欲求も含まれます。例えば、教師にすべて指示されて取り組んだ試験勉強で好成績を取るより、自分から進んで試験対策の勉強を計画し好成績を取るほうが、有能さはより高く評価されるはずです。そのため、自律性を伴った有能さを求める欲求のほうが、有能さという点では高次な欲求であると考えられます。

日本では自律的であること（嫌々でなく、好んで自己決定すること）をあまり重視してきませんでした。自律的でないことの利点は、失敗したときに自分で責任を取らずにすむこと、他者のせいにできること、でしょうか。保身を重視した発想が原点にあるように思います。ただ、自分が成長するためには、自分で決めて自分で実行し、成功したときには大いに喜び、失敗したときには深く反省してやり直すことが重要ではないでしょうか。

私は大学4年生のとき、縁あってアメリカのカンサス大学に留学しました。欧米で生活してみるとわかりますが、欧米人は自己決定的でない（自分の意見をもたない）人間を認めません。心理学の授業でも、留学生用の英語のクラスでも、何かにつけ意見を求められました。ある心理学の授業では、日本の授業であれば次の内容に進むような状況でしたが、金髪の女性の先生が急に私に「Sakuraiはどう?」と意見を求めてきました。そのときはほんとうにビックリしました。「俺は留学生なんだけれど?」と思いながらも腹を括り、シドロモドロで答えました（答えると、先生はにこにこしていました）。それからはどんな授業でも、質問の回答とともに、それを英語でどう表現するかまでしっかり考えるようにしました。自分の考えをまとめることは大変ではありましたが、よい勉強になり、アメリカが自己決定を重要視する国であることを教えられました。今後国際的に活躍したい方はとくに肝に銘じてください。脱線はこのくらいにして、戻ります。

さて、授業の内容や形態（グループ学習など）によっては向社会的欲求が喚起され、学習につまずいている級友を援助するために積極的に学びたいという気持ち（動機：自ら学ぶ意欲）も生じるものと予想されます。小学3、4年生くらいになると授業の内容がかなり抽象的になり、簡単にはついていけない子どもも出てくるため（「9歳あるいは10歳の壁」としてよく知られています。コラム2参照）、こうした欲求が喚起され、級友を助けてあげたいと思う子どもが出てきます。

さらに中学生くらいになり、日々の授業などで向社会的欲求や自己実現の欲求が喚起され、「自分の興味・関心のあることで、人や社会の役に立ちたい」というような思いが高まると、自分の興味・関心が強く、同時に得意であるものを核に、人生・将来の目標（具体的にはどんな仕事に就きたいのか、どんな生き方をしたいのか）が形成されるようになります。そしてその達成のために現在の学校での勉強をがんばるという動機も生まれます。これは自己実現の欲求によって、長期的な人生・将来目標を設定し、それをベースに直近の学習目標を設定するという、将来展望に基づく動機形成のあり方を示しています。

ただ、この時期はまだ、人生・将来目標は変化しやすいものです（それが成長・発達かもしれません）ので、そのときどきの目標がもてればよいと考えます。青年心理学の講義で、青年期の発達課題に「自我同一性の確立」があることを習った方は多いのではないでしょうか。自分をよく理解し、自分がどういう生き方をするのがよいかを決めること、それが自我同一性の大事な側面と思われます。しかし、一朝一夕にできることではないため、目標を修正しながら徐々に確固としたものにしていく必要があります。まずは大枠を決め、少しずつそれを狭めていってもよいし、大胆に目標を修正していってもよいでしょう。ただ、人生・将来目標を決めながら自律的に進んでいくことだけは、子どもたちに意識してほしいと思っています。そして、それを支援するのは親と教師、周囲の友達です。

(3)見通しと学習活動の段階

動機（自ら学ぶ意欲）が形成されると、その力（エネルギー）によって学習活動が生起します。自ら学ぶ意欲のなかでも自己実現のための学習意欲が強く関連している場合には、教師による強い指示がない限り、（後述の学習活動のなかの）どのような学習活動をするのか、どのような順序で学習を進めるのか、どのような方法（体制化などの学習（記憶）方略、ディベート、グループディスカッションなど）でするのか、そしてどのようなまとめ方をするのか、など「見通し」をもつことが必要となります。見通しをもつためには、先に紹介したメタ認知能力が大いに関係します。学習活動の途中であっても、メタ認知能力によって学習活動がモニタリングされ、学習方略の見直しや微調整が行われます。

なお、これまで気軽に「学習方略」という用語を使ってきましたが、改めてその意味を確認しましょう。学習方略とは、学習を効果的に進めるために使用する、認知的な方略やメタ認知的な方略のことです。**表1-1**にそのいくつかが紹介されています。また、この表には掲載されていませんが情意的な学習方略というものもあります。その一つが「学習意欲が湧かないときにスポーツなどで気晴らしをして学習意欲を喚起する」という方略で、とくに家庭で学習を進める際に重要な方略であることがわかっています（第6章参照）。

学習活動としては、授業内容の理解や記憶（①深い理解）をはじめ、図２－３に例示されているような特徴的な学習活動が生じます。具体的には、②自分で課題解決に必要な情報を集める情報収集、③課題解決に時間を要する場合には自発的に計画を立て取り組む自発学習、④解決がむずかしいと思われる課題にも果敢に挑戦する挑戦活動、⑤新たな発見をもたらすような深い思考、⑥潜在的な能力（才能）を十分に発揮して課題を解決しようとする独立達成、⑦級友と協力して課題を解決しようとする協同学習、さらにはアクティブ・ラーニング（能動的学習）もこうした学習活動の一つに位置づけられます。これらは必ずしも授業場面に特化したものではなく、授業前の予習や授業後の復習の時間、さらにはまったく自由な時間にも（自発的に）起こるものです。そのために、こうした学習活動は自ら学ぶ意欲（自律的な学習意欲）に支えられた学習活動といえるわけです。

⑷振り返り（自己評価）と認知・感情の段階

授業後、授業内容について一定の理解がなされたり課題解決に成功したりした場合には、学ぶことのおもしろさや楽しさ、有能感（それに続く自己効力感）が生じます。また、充実感（自己有用感）が生じることもあります。全体として「自尊感情」も高まるでしょう。

ただ、こうした認知や感情を生じさせるには、授業内容の理解や課題遂行（結果）に対し、一定の基準で「振り返り（自己評価）」を行うことが必要です。振り返りによって子どもが目標を達成したと判断すれば、有能感や学ぶことのおもしろさ・楽しさが生じます。ただし、学ぶことのおもしろさや楽しさは、課題遂行が成功しなくとも感じることができます。それらは課題遂行の過程でも感じられるもので、必ずしも結果に依存しないからです。欲求・動機との関連でいえば、おもに知的好奇心（内発的な学習意欲）によって生じた学習活動では、失敗しても学ぶことのおもしろさや楽しさは感じられるといえます。

また、成功・失敗という結果の判断がおもに自分にとって重要である場合には、原因帰属が起こります。すでに説明しましたが、原因帰属とは、成功・失敗の原因を何かに求めることです。失敗の原因を努力不足に求めると、次の同様の機会には、もっと努力すればできるようになると思えるため、有能感や意欲は低下せずにすむでしょう。一方、失敗の原因を能力不足に帰属すると、能力はそんなに変わるものではないため（固定的な能力観に基づいた場合。コラム7参照）、次の同様の機会でも失敗するのではないかと考えてしまい、失敗のショックとともに無能感を味わい意欲も低下することになるでしょう。

子どもによる振り返りは、幼少期ほど客観的でない場合が多いです。そのため、子どもが失敗と判断しても、教師からみれば成功に近いと考えられるときには、その旨を説明することや、反対によく考えず成功と判断しているときには、再考を促すことが必要です。振り返りの力はメタ認知能力の発達と関係しているので、徐々に伸びていきます。

なおハッティ（Hattie, 2009）によると、子どもの学力に最も強い影響を与える要因は有能感（自己効力感）であるとされます。私が行った①中学1年生を対象にした有能感と学業成績の関係、ならびに②小学4年生を対象にした自己効力感と学力（標準学力検査に基づく測定）の関係、を調べた研究（桜井、１９８３、１９８７）によると、これまで学業成績や学力に最も強く影響するとされる知能の影響を取り除いても、有能感あるいは自己効力感は学業成績あるいは学力と強い関係を示しました。こうした研究結果からも、有能感あるいは自己効力感の学業成績や学力を予測する力が大きいことがわかります。

ちなみにハッティによると、学力に強く影響する要因として、有能感（自己効力感）のほか、①教師と学習者の関係、②メタ認知方略、③目標、④動機づけ、がリストアップされており、これらはいずれも本モデルに組み込まれた重要な要因であると確認できました。

少々脱線しましたが、戻ります。級友に授業内容を質問されてやさしく教えてあげるなど、級友の学習支援ができた場合には、向社会的欲求に対応した充実感（自己有用感）を感じられます。また、人生・将来目標の達成に近づいていると感じた場合（例えば、理科の教師になりたいという人生・将来目標があり、「テコの原理」を理解したい、という直近の目標を立てて授業に臨み、それが達成された場合）には充実感を感じます。こうした機会が度重なれば、自尊感情も高まるでしょう。自己実現の欲求は即座にではなく、徐々に充足される性質のものなので、人生・将来目標に基づく直近の目標が達成されたときには、人生・将来目標の達成に近づいているという意味で、充実感を味わうことができます。また、教師による賞賛や激励も功を奏します。

そして、結果としての認知・感情（おもしろさや楽しさ、有能感、充実感）は欲求・動機にフィードバックされ、後続の授業などでさらに自ら学ぶことを促します。また学習活動がうまく終了しない（授業でよく理解できないなど）場合には、動機が修正されたり（少し易しい水準での達成をめざすなど）、見通しを修正して学習方略が変更されたりし、より適切な学習活動が実行されます。自ら学んでいるからこそ、動機や学習方略の修正が起こったり、それに基づく適切な学習活動が展開されたりするわけです。いうまでもなく、こうした対応にはメタ認知能力（自己調整能力）が重要な役割を果たしています。

自ら学ぶ意欲のプロセスモデルを説明してきましたが、そのまとめとして**図２－３**の流れを示す例を挙げます。このモデルの流れを理解する助けとしてください。

小学6年生のA君は、授業（情報）で教師が話したテコの原理を教えるためのエピソードに興味・関心（知的好奇心）をもち、テコの原理がほんとうであるかどうか確認したい（動機）と思いました。ただ、一人ではこころもとない（見通し）ので、クラスのBさんと協力して実験をすることにしました。教師と相談して実験のやり方を決め（見通し）、Bさんと一緒に実験（学習活動：おもに挑戦活動、協同学習）をしました。その結果、実験で扱えた範囲では、どのような場合にもテコの原理が成り立つことが確かめられました。そうしたことを「振り返る」ことによって、学ぶこと（実験をして明らかにすること）の「おもしろさや楽しさ」、自分でも結構できるという「有能感」、さらには友達と協力でき、自分の夢である理科の教師になりたいという目標にも近づけたということでの「充実感」を感じることができました。その後、A君は実生活においてテコの原理がどのように使われているかも調査したい（新たな動機）と思うようになりました。

4　自ら学ぶ意欲がもたらす成果の意味

本章の結びとして、自ら学ぶ意欲がもたらす成果（第1章18頁参照）と2017年改訂の学習指導要領における「主体的・対話的で深い学び」との関係について、「自ら学ぶ意欲のプロセスモデル」に焦点を当てながらまとめたいと思います。結論から先にいえば、「主体的・対話的で深い学び」は、四つの心理的欲求をもとにした自ら学ぶ意欲が実現されることによってほぼ達成される、ということです。詳しく説明していきます。

まず、全体としての「深い学び」は、おもに知的好奇心に基づく内発的な学習意欲によってもたらされるといえます。なぜなら、内発的な学習意欲が働くと、学習活動としては深い理解、深い思考などが生起し、それらは当然深い学びにつながるからです。

次に「主体的な（深い）学び」ですが、これは自ら学ぶ意欲（とくに自己実現のための学習意欲）による学びそのものといえます。自己実現のための学習意欲は、自己実現するために自律的な学び（情報収集、自発学習、挑戦活動、独立達成など）をもたらします。また、そのもとには内発的な学習意欲（深い理解や深い思考）がありますので、当然深い学びとして実現されることが期待されます。

最後に「対話的な（深い）学び」ですが、これは四つの心理的欲求すべてによりもたらされる、自ら学ぶ意欲によって実現されます。すなわち、知的好奇心という欲求では、級友と一緒に学ぶことで、未知のことやよりおもしろいことが発見できる可能性が高いと考えられますし、有能さへの欲求では、級友との議論によって、より有能になれる可能性が高いと考えられます。また、向社会的欲求では、授業内容がよくわからない級友と一緒に学ぶことによって、その級友を支援することも可能になりますし、級友に教える過程で学びがより深くなることも期待できます。さらに、自己実現の欲求では、級友やその他の人たちと一緒に学ぶことによって、自分をより客観的にとらえ、その子独自の人生・将来目標が形成・実現される可能性が高いと考えられます。モデルのなかでは、学習活動における「協同学習」がその典型的な学習の一つになります。

読者のみなさん、合点していただけましたでしょうか。自ら学ぶ意欲を育てることはこのように、とても大事なことなのです。

■第2章のおさらい

自ら学ぶ意欲は、四つの心理的欲求が源となって生まれます。その四つとは、①知的好奇心、②有能さへの欲求（コンピテンス欲求）、③向社会的欲求、④自己実現の欲求です。自己実現の欲求は、その他三つの欲求が統合・発展することによっておもに中学生の時期に生起します。この四つの心理的欲求と、情報、安心して学べる環境、メタ認知能力（自己調整能力）を中心にし、自ら学ぶ意欲のプロセスモデル（**図2－3**）は作成されました。また自ら学ぶ意欲による輝かしい成果は、2017年改訂の学習指導要領で強調されている「主体的・対話的で深い学び」をほぼ実現できるもので、この意欲の育成の重要性が示唆されます。

■引用文献

波多野誼余夫・稲垣佳世子（1973）『知的好奇心』中央公論新社

Hattie, J. A. C. (2009) *Visible Learning*. 山森光陽監訳（2018）『教育の効果』図書文化社

黒田祐二（2010）「第5章　感情と動機づけの発達」櫻井茂男編『たのしく学べる最新発達心理学』図書文化社、八八～一〇六頁

Maslow, A. H. (1954) *Motivation and personality*. New York: Harper & Row Publishers. 小口忠彦監訳（1971）『人間性の心理学』産業能率短期大学出版部

西村多久磨（2019）「第2章　自己決定理論」上淵寿・大芦治編『新・動機づけ研究の最前線』北大路書房

Ryan, R. M. & Deci, E. L. (2017) Self-determination theory: Basic psychological needs in motivation, development, and wellness. New York: Guilford Press.

桜井茂男（1983）「認知されたコンピテンス測定尺度（日本語版）の作成」教育心理学研究、三一、二四五～二四九頁

桜井茂男（1987）「自己効力感が学業成績に及ぼす影響」教育心理、三五、一四〇～一四五頁

櫻井茂男（2009）『自ら学ぶ意欲の心理学』有斐閣

櫻井茂男（2010）「自ら学ぶ意欲を育てる」初等教育資料、六月号（No. 八六一）、八六～九一頁

櫻井茂男（2017）『自律的な学習意欲の心理学』誠信書房

■コラム２　９歳の壁とは

小学３，４年生（９，10歳）のころ，具体物の助けがないと論理的な思考ができないために小学校での学習に付いていけず，学業不振を起こす子どもがいます。この学業不振は容易には克服されないため「９歳の壁」あるいは「10歳の壁」といわれます。

「認知心理学の巨人」といわれるピアジェをご存知でしょうか。発達心理学では思考の発達を研究した心理学者として有名です（櫻井，2010）。彼の思考の発達理論では，小学校段階は「具体的操作期」，中学校段階は「形式的操作期」に相当するとされました。具体的操作とは具体物（例えば，算数でいえばおはじき）の助けがあれば論理的な思考（操作）ができることをいい，形式的操作とは具体物の助けがなくても抽象的・論理的な思考ができることをいいます。

その後，小学３，４年でも形式的操作期に入る子どもたちが多いことが判明し，この時期は具体的操作から形式的操作への移行期と考えられるようになりました。そして学習内容も，この時期から徐々に抽象的な思考を必要とするものが導入されました。

ただ，こうした思考の発達には個人差が大きいため，具体的操作期に留まっている子どもも少なくありません。そのため，例えば算数の文章題や大小関係（A＞B，B＞C，ゆえにA＞Cという推移など）を問う問題では，問題の処理に戸惑う子どもが相当数出現することが指摘されています（濱口，2014；渡辺，2011）。文章題の意味がうまく理解できず計算をする段階にまでいたらなかったり，具体的なものによる大小関係は理解できても，抽象的な形式（記号の使用など）の大小関係がうまく理解できなかったりするようです。抽象的な思考がまだむずかしい子どもには，具体的な例を何度も示しながら，抽象的な思考の発達へと促すことが重要といえます。

■参考文献

濱口佳和（2014）「第6章 授業がわかるようになりたい―認知と思考―」櫻井茂男・濱口佳和・向井隆代『子どものこころ』有斐閣　pp.103-120.

櫻井茂男（2010）「第1章 発達心理学とは」櫻井茂男編著『たのしく学べる最新発達心理学』図書文化社，pp.9-28

渡辺弥生（2011）『子どもの「10歳の壁」とは何か？』光文社

第3章　子どものやる気を発達的にとらえる

やる気はどのように発達するのでしょうか。本章では、自ら学ぶ意欲を中心に、発達的な特徴と、各発達段階における様相について説明します。乳幼児期（誕生から小学校入学前まで）、児童期（小学生のころ）、青年期（22歳ごろまで含まれるが、ここではおもに中学生・高校生のころ）までの間に自ら学ぶ意欲は劇的な変化を遂げます。本章ではおもに理論的な説明をするので、現実との間に多少のズレがあるかもしれません。そうした点についての具体的な対応は第Ⅱ部の実践編で提案します。

1　自ら学ぶ意欲の発達的な特徴

自ら学ぶ意欲の一つである内発的な学習意欲（**図1－1**参照）は、乳幼児期から活発に働きますが、もう一つの自己実現のための学習意欲は小学校高学年のころから徐々に働くようになります。これは大きな特徴です。

内発的な学習意欲は知的好奇心という欲求を基盤とするため、知的好奇心が旺盛となる乳幼児期から働きはじめます。一方、自己実現のための学習意欲は、小学校高学年のころに発現する二次性徴によって自分に関心をもつようになり、大人とほぼ同じ段階にまで発達した思考能力で自分を分析し、そして一定の自己理解に基づいて将来のことが展望できる（大まかな人生・将来目標がもてる）ようになってはじめて働きます。

内発的な学習意欲によって乳幼児期や児童期のはじめにかけて活発に学ぶと、自分の個性としての興味・関心が明らかになってきます。周囲の大人がそれに気づき、伸ばす方向で対応すると、その子の特別な興味・関心はより明確になっていきます。やがて、そうした興味・関心をベースにして、人生・将来目標がもてるようになると、青年期ごろから自己実現のための学習意欲が開花します。例えば、幼いころ周囲の自然に親しみ、昆虫の生態に強い興味・関心をもつようになった子が、やがてそうした自分の興味・関心に気づき、将来は理科の教師になりたい、という目標をもちます。そしてその目標を達成するために自己実現の学習意欲が強く働くようになる、というのは自然な流れです。

繰り返しになりますが、自ら学ぶ意欲の発達的な特徴とは、①乳幼児期と児童期はおもに内発的な学習意欲が萌芽し発達する時期であること、②青年期は内発的な学習意欲もさることながら、それを基礎にして自己実現のための学習意欲が発達する時期であることです。大事なことなので確認し読み進めてください。

なお、発達には個人差があり、自ら学ぶ意欲も、すべての子どもで同じように発達するわけではありません。また、発達心理学者であるバルテスら（Baltes & Lipsitt, 1980）が指摘する通り、時代や世相の影響も受けます。こうした点にもご留意ください。

さらに、発達には成長とともにほぼ自然にあらわれる「成熟」という側面と、努力して自ら習得することによってあらわれる「学習」という側面の二つがあります（櫻井、2010）。自ら学ぶ意欲についても両面があり、一般的には努力して習得することが求められる側面が強いと考えられているようです。

したがって、発達課題として達成しなければならないことも多いわけです。そこで以下では、乳幼児期、児童期、青年期の順に、自ら学ぶ意欲の発達課題や発達の様相について説明したいと思います。

2　内発的な学習意欲の萌芽がみられる乳幼児期

乳幼児期に重要なのは、自ら学ぶ意欲の基礎となる内発的な学習意欲を芽生えさせることです。そのために達成が必要と思われる発達課題は以下の三つです。

⑴安定したアタッチメント（愛着）が形成されること

子どもが、生まれてはじめて対人的な関係を結ぶ人である「主たる養育者（おもに母親：以後は母親といいます）」との間に、安定したアタッチメント（いわゆる「心の絆」で、「愛着」と訳されることも多いです。さらに「基本的信頼感」ともいいます）を形成することは、第２章で紹介した「安心して学べる環境」（図２－３参照）の基礎となる「対人的に安心して生活できる場」を保障することになります。母親に対する安定したアタッチメントが形成されれば、子どもにとって知的好奇心を十分に発揮できる環境が整ったことになり、結果として、母親を安全基地に積極的な探索活動ができるわけです。公園で、母親のそばから離れて何かおもしろそうなことはないかと探索しはじめる幼児は、たびたび母親のほうを向き、母親の存在を確認し、活動を続けます。こうして知的好奇心が充足されれば、自ら学ぶ意欲の基礎となる内発的な学習意欲が順調に芽生えます。

なお、幼児期後期（3歳くらいから）には、アタッチメントの対象は母親や父親に留まらず、祖父母や保育園などの保育者にも広がり、多様な場所でそうした人たちに見守られながら探索活動ができるようになります。また、この時期には保育園の友達との活動（おもに遊び）や保育者とのやりとりを通して、他者とコミュニケーションするスキルや、友達をつくったり友達関係を維持したりするスキルも発達してきます。友達の輪に入ろうとして「入れて！」といえたり、友達関係を維持するために「明日も一緒に遊ぼう」といえたりできれば大丈夫です。子どもが他者とかかわろうとしたとき、親や保育者はその様子をよく観察し、どうしてもうまくいきそうにないときは支援することが大事になります。児童期以降の対人関係を良好に展開させるための素地ができる大切な時期ともいえます。

(2)旺盛な知的好奇心が充足されること

この時期は知的好奇心、いわゆる興味・関心が旺盛な時期です。とくに幼児期前期（1歳半くらいから3歳くらいまで）は何事にも興味・関心をもって探索をする拡散的好奇心が旺盛です。幼児期後期になると拡散的好奇心によってなされた探索活動の結果として、その子にとってとくに興味・関心のあるものを探究しようとする特殊的好奇心が芽生えはじめます。これはその子の「個性」としての知的好奇心であり、いずれその子の人生・将来目標と強く関係するようになります。その意味で、特殊的好奇心については親や保育者ができるだけ早くその対象に気づき、うまく刺激を与え、欲求を充足してあげることが重要です。日々子どもの遊ぶ姿をよく観察するとともに、保育園や幼稚園での参観の際には、わが子の特徴を把握するように努めることが大事かと思います。私の友人の息子さんの場合、幼稚園時代、やんちゃで遊ぶことが好きで、崖のような急斜面でも平気で植物や昆虫と戯れていましたが、いまでは植物学の研究者になっています。

知的好奇心によって生じる質問に対しては、「応答する環境」を用意して、母親や周囲の者が即座に答えられるようにするとよいでしょう。知的好奇心がうまく充足され（おもしろいとか楽しいという認知や感情が生じて）、さらなる知的好奇心が生み出されます。知的好奇心という欲求は充足されることによって維持あるいは促進されます。この時期には、褒めることは知的好奇心の充足にプラスに働く（楽しいという経験を増幅させる）とともに「客観的な有能感」の基礎を形成することにもなります。実は、幼児期前期の子どもは「何でもできる」あるいは「何でもできるようになる」という一種の万能感のようなものをもっています。しかし成長とともに（とくに児童期の後期以降）少しずつ、実際にできること・できないことを意識させ、客観的な有能感を形成できるようにしていくことが必要です。ただ、この対応は急がないでください。母親が子どもにとって重要な他者（安定したアタッチメントの対象）になっていないとうまくいかないからです。

また、幼児は基本的に興味・関心のあることしかしないのも大きな特徴です。嫌なこと（例えば、トイレットトレーニング）にも積極的にかかわれるとしたら、それは大事な母親のため、というように安定したアタッチメントと関連した理由によることが多いです。

(3)基本的生活習慣の自立がなされること

客観的な有能感を形成するために重要な役割を担うのが、「一人で」食事ができる、衣服の着脱ができる、トイレにいける、などの「基本的生活習慣の自立」です。先述の通り、一部の子どもたちにとってトイレットトレーニングはかなり厄介な課題で、がんばり続けられるのは、母親に対する安定したアタッチメントがあるからです。基本的な生活習慣を獲得した成果は大きく、実感の伴った（客観的な）有能感が得られます。こうした有能感がもとになり、自我（主体としての自分）が芽生え、いわゆる「第一反抗期」が訪れます。保育園の園バスに子どもを乗せようとすると「自分で乗るから」といい張るので、子ども自身で乗るのを待つとか、外出のために靴を履かせようとすると「自分で履くから」といってきかないため、時間がかかっても子どもにやらせる、などの場面はどのお子さんにもよくあることではないでしょうか。この現象は一般に「第一反抗期」と、「反抗」という言葉を使って表現されますが、実際には子どもの「自己主張」のあらわれで、客観的な有能感や自分という意識（自我）がしっかり育ってきている証といえます。すばらしいことではないでしょうか。こうしたことが理解できていると、第一反抗期はうまく乗り越えることができます。何事も余裕をもって見守ることが幼児にとっては大切です。

3　内発的な学習意欲が旺盛となる児童期

児童期、すなわち小学校時代に重要なことは、乳幼児期で芽生えた内発的な学習意欲を育てることです。そのために必要とされる発達課題は以下の五つです。

⑴安心して学べる環境（とくに教室環境）が形成されること

一時期、小学校に入学したばかりの小学1年生のなかに、授業中椅子に座っていられなかったり、クラスの一員として集団行動ができなかったりする子どもが頻出し（しかもその状態が長く続き）、こういった不適応現象を「小1プロブレム」と呼んでいました。こうした状況を改善するために、保育園・幼稚園の保育者と小学校の教師が、連携を密にすることが行われるようになったと思います（カリフォルニアのサンディエゴで学校訪問をした際、幼稚園と小学校が同じ敷地内にあり、保育者、教師、親、子どもの四者が相互に交流をしていたことを思い出します。よい学校環境だと感じました）。

保育園や幼稚園から小学校への学校移行は、大きな期待とともに、大きな不安を子どもにもたらします。自由を謳歌していた幼児が、静かに座って授業を受けなければならない不自由な教室環境のなかでクラスの一員として自己規制を求められて、簡単になじめるはずがありません。親や教師の適切な対応によって不安が解消され、さらにどのような振舞いをすればよいのかを学び、そして仲のよい友達ができることによってはじめて、小学校生活になじめるようになるのです。教室という新しい環境になじみ、安心して生活ができ、学べるようになれば、教室は心地よい居場所になったといえるでしょう。自ら学ぶ意欲が発揮できる安心して学べる環境がほぼできたことになります。

⑵授業が「わかる」「おもしろい」という気持ちにつながること

小学校での授業内容がよく理解できれば、学ぶことがおもしろく楽しくなり、そうした認知や感情は知的好奇心を充足させ、さらなる知的好奇心の喚起をもたらすものと考えられます。授業内容の理解（とくに深い理解）が内発的な学習意欲を育てることになるのです。知的好奇心が高まることによって、独自の目標をもち、情報収集をしたり、深く考えたり、級友と協同で課題を解決したりすることも促進されます。

また、授業内容がよく理解できれば、結果としてよい成績を取れるようになり、学業に関する有能感が高まって、有能さへの欲求も充足されることになります。有能さへの欲求が充足されれば、次の授業でも「がんばれば、わかるし、できる」という自己効力感が高まり、学習意欲が高まることが期待できます。子どもにとって、よく理解できる授業が大事であることがわかります。ただ、これは容易に理解できるということではなく、ある程度の努力を要して理解できるということが有能感を生み出す秘訣ではないかと思います。

知的好奇心や有能さへの欲求が充足されると、内発的な学習意欲は徐々に高まり、その内発的な学習意欲をベースに、いわゆる「アクティブ・ラーニング」も効果的に行えるようになります。受容的な学習だけでなく、能動的で探究的な学習でもあるアクティブ・ラーニングを進められ、内発的な学習意欲はさらに充実したものになるでしょう。

⑶客観的な有能感が形成されること

授業がわかり、そしてよい成績を取ることで、有能感が形成されることを述べましたが、この点については二つほど重要な問題があります。

一つは、原因帰属の問題です。よい成績を取っても、その原因を運や教師の教え方がよかったから、と個人外の要因としてとらえると、有能感はほとんど感じられません。よい成績が取れたという成功事態では、一般に能力や努力（個人内の要因）に原因帰属すると有能感を感じられます。ただ、失敗事態において能力に原因帰属してしまうと自分には能力がないということになり、無能感を感じてしまいます。そのため、成功事態が多い子どもの場合には能力帰属でもよいのですが、失敗事態も相当数ある子どもの場合には、成功事態でも失敗事態でも努力に原因帰属するほうが無難で、（もっと）努力すればできるという自己効力感を高めることにつながります（第9章の**図9-1**、206頁も参照のこと）。この点を理解していないと、子どもの有能感の形成はなかなかむずかしいと思われます。

もう一つは、なにをもってよい成績と判断するか、という問題です。小学校も高学年になると、有能さへの欲求のなかでも、他者よりも優れたいという「優越欲求」が強くなってきます。このころから社会的比較（他者と自分を比べること）や相対評価（他者と比べて優劣をつけること）が活発に行われるようになるためです。多くの小学生にとって、優越欲求に基づくよい成績とは、級友のだれかよりも自分のほうが成績がよいということです。こうした判断に従えば、クラスのなかのトップクラスの子どもたちはよい成績を取りやすく、有能感を感じやすいのですが、そうでない子どもたちはよい成績が取りにくく有能感も感じにくいということになります。ただ、だれにも得意・不得意はあるもので、得意な教科で他者と競争をしてよい成績を取り有能感を感じられれば、あまり問題はないのかもしれません。この辺りはナイーブな問題で、慎重な対応が必要です。気持ちを十分に理解し、その子が納得できる対応をすることが重要です。

優越欲求は、自律的というより他律的な欲求に近いと考えられます。他者と競争するということは、他者を気にして学習するということです。小学校段階では否応なく競争をさせられる事態も多いでしょうから、競争させる人（多くは教師）に勉強させられていると いう気持ちを抱きやすく、他律性が強いものになりがちです。すなわち優越欲求に振り回されると、内発的な学習意欲は育ちにくくなります。この点にも十分注意が必要です。

解決策の一つとして、有能さへの欲求のなかでも、成長欲求（おもに過去の自分よりもできるようになりたいという欲求）に注目して学習するように促し、結果として有能感を感じるようにすることです。成長欲求に基づくと、よい成績とは過去の自分よりも優れた成績を取ることや、自ら設定した目標をクリアすることとなります。いわゆる「個人内評価」や「絶対評価」によって評価をするということです（第5章参照）。成長欲求に基づくことで、たとえ不得意な教科であっても適切な目標を設定しそれがクリアできれば、有能感を感じることができるはずです。この実際については第4章で詳しく説明します。なお、競争で敗者になること自体は、悪いことではありません。神様でない限り、オールマイティはありえません。敗者になることで、敗者の気持ちが理解でき、その結果、人や社会の役に立ちたい、という向社会的欲求の発達を促すことにつながります。全能の神ゼウスは、ほかの神や人間のことをそう簡単には思いやれなかったのではないでしょうか。

⑷認知能力がうまく活用されること

小学校時代には、認知能力のなかでも記憶力や思考力が急速に発達します。こうした認知能力をうまく活用して知識の習得や深い理解、探究などにつなげられれば、学習活動をより活発化させることができます。

この時期に注目される認知能力の一つは記憶力です。記憶方略（学習方略の一つ）の（とくに自発的な）使用によって記憶力が急速に発達します。幼児でも他者に指示されて記憶方略を使用することはできますが、自発的に使用することは少ないといわれます。記憶方略の自発的な使用による記憶力の急速な進歩は、広く深い知識の習得を可能にします。記そして、そうした記憶や知識は思考の大切な材料となるのです。記憶を軽視する方もおられますが、こうした点で記憶力はとても大事な認知能力といえます。

記憶方略では「リハーサル」と「体制化」（**表1－1**参照）がよく知られています（櫻井登世子、２０１０）。リハーサルとは、同じ刺激を何回も反復して覚える方略で、７歳くらいから自発的に使えるようになります。さらに年齢が高くなると、一度にリハーサルされる刺激の数が増えます。体制化は、刺激をグループ化して覚える方略で、例えば絵カードを覚えるのに、動物、家具、乗り物、衣服というようなグループ（いわゆるカテゴリー）に分けて覚える方法です。10、11歳くらいから体制化方略を自発的に使用できるようになります。

もう一つ注目される認知能力は、思考力です。思考力の発達についてはピアジェの研究が有名ですが、児童期はピアジェのいう「具体的操作期」に当たり、おもに具体物で提示されれば論理的な思考が可能になる段階です。この点に留意して授業を設計する必要があります。なお、発達の加速化（従来よりも発達が速くなる現象）に伴い、小学校３、４年生でも、次の思考段階である「形式的操作期」に入る子どもが増えています。形式的操作期では大人とほぼ同じように、具体物がなくても抽象的で論理的な思考が可能になります。

小学３、４年生の学習内容では、具体的なものから抽象的なものへの移行がすでにはじまっています。思考力の発達の早い子どもはついていけますが、遅い子どもはついていけません。学習内容が抽象的なものになり、具体物を用いての思考ではそのギャップ（壁）をうまく乗り越えらない現象を「9歳（10歳）の壁」と称します。この点はコラム2をお読みいただくとともに、櫻井（2016）や渡辺（2011）を参照してください。

(5)学習習慣が形成されること

授業内容の理解やそれに基づく知識の蓄積は、新たな問題を見出したり、解いたりするときに必要不可欠なものといえます。その意味で、家庭で宿題や復習をすることは、深い理解や知識の定着につながります。宿題や復習をしっかりするには、家庭でほぼ毎日、決まった時間に勉強することを習慣づけることが肝要です。子どもが、家庭で宿題や復習をしないと落ち着かないと思えるようになれば学習習慣は定着したものと考えられます。また同時に家庭での予習も、興味・関心をもって授業に臨み、授業内容の理解を促進する効果があるとされます（篠ケ谷、2016）。予習の仕方にもよりますが、基本的には、予習も家庭での学習習慣に組み入れることが望ましいといえるでしょう。

家庭での学習習慣は小学校の低学年（宿題がそれほどむずかしくなく、学校での答え合わせのときにほとんど正解できるようなころ）であれば、形成しやすいと思われます。

4　自己実現へと向かう青年期

青年期である中学校時代や高校時代に重要なことは、向社会的欲求を充足させることと、児童期に形成された内発的な学習意欲をベースに、自己実現のための学習意欲を形成し育てることです。そのために必要とされる発達課題は以下の六つです。

⑴各学校段階において安心して学べる環境が形成されること

小学校から中学校への移行においても、中学校での学習内容（教科担任制で専門化された授業）や生活リズム（部活などによる過密な生活）の変化になじめず、いじめや不登校などの問題行動が増加する現象が起こり、「中1ギャップ」と呼ばれています。また、中学校から高校への移行においても、同様の「高1クライシス」という現象が知られています。こういった現象を解消するため、小中一貫校や中高一貫校などの新たな学校制度も登場していますが、問題行動が劇的に解決しているわけでもないようです。

大事なことは、新たな学校・教室環境に適応するためのスキルを事前に形成しておくことです。乳幼児期の項で説明した通り、小学校や中学校に入学し、学校や教室環境を安心して学べる環境にするためには、友達をつくることやその友達関係を維持することにかかわるスキルがとくに重要です。学校移行に限らず、転居や就職によっても新しい環境への適応は不可欠となります。その意味で、上述のようなスキルの形成は重要といえます。もちろん親によるサポートも大事ですが、上述のスキルのない子どもの学校適応の鍵は教師が握っており、子どもにスキルを教えること（例えば、ソーシャルスキルトレーニングや構成的グループエンカウンター）、気が合いそうな子どもたちをつなげて居場所をつくる努力をすること、などが求められます。

⑵優越欲求と成長欲求がバランスよく充足されること

中学生や高校生になると、以前より教科における得意・不得意がはっきりしてきます。また児童期で説明した優越欲求（他者に勝ちたいという気持ち）がさらに強くなる時期でもあります。優越欲求は自分を成長させるために重要ではありますが、基本的に競争は自らの意思で（自己決定的に）行うこと、できれば得意な（ある程度勝てる確率が高い）教科で行うこと、が肝心です。最終的には成長欲求をもつことが大事で、他者との比較でなく自分自身が伸びることをめざすことにより、不得意な教科でもがんばれます。

学習全般でなくとも、得意な学習分野で高い有能感をもつことができれば、親や教師はあまり心配しなくて大丈夫です。学習全般に対する有能感は成長とともに低下するものです（**図３－１**）。さらに小学校から中学校にかけて、学習全般に対する学ぶおもしろさや楽しさも低下します。残念なことにこの点は以前より顕著になってきています（櫻井，２００９）。中学校や（とくに）高校での学習では、得意な教科が限定され、学ぶおもしろさや楽しさを感じることも少なくなってくるようですが、それは興味・関心、得意・不得意という面で個性をもった個人になっていく過程であり、一つの成長であると考えるとよいと思います。そのうちに、自分を見直すためや高い学業成果を上げるため、広い視野ももてるようになります。

⑶ より客観的な有能感が形成されること

中学校・高校段階における有能感の形成では、幼児期由来の「何でも（やれば）できる」という

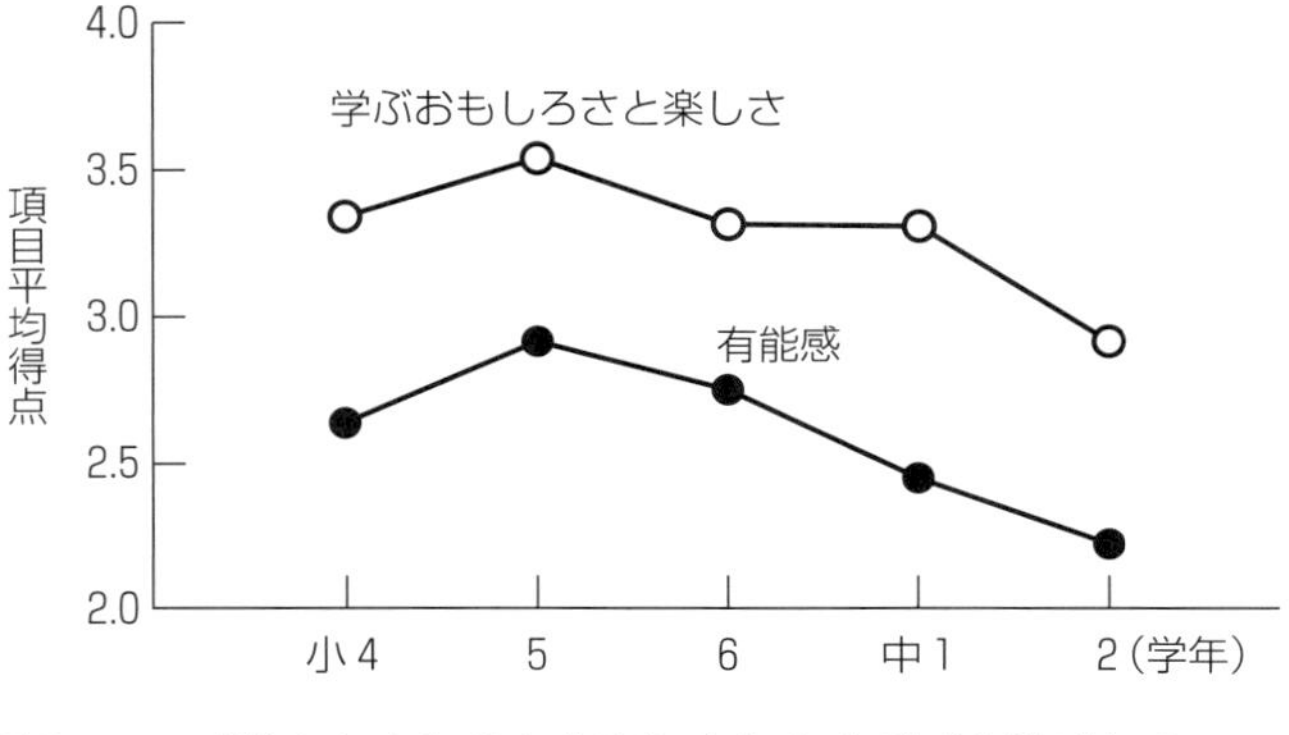

図３－１　「学ぶおもしろさと楽しさ」および「有能感」の平均得点の年齢による変化（櫻井，2009）

万能感ではなく、児童期に形成される「これはできるが、これはできない」という客観的な事実に基づく有能感をさらに育てることが大事です。そうでないと、しっかりした自己理解に基づく適切な人生・将来目標をもつことがむずかしくなります。そのためには、自分の学習に対するポジティブな情報だけでなく、ネガティブな情報も受け入れる必要があり、周囲の大人も、信頼関係のもとにネガティブな情報を与えること、さらに子ども同士でそうした情報を相互に提供できるような工夫をすることも必要であると考えられます。

⑷向社会的欲求と自己実現の欲求が充足されること

人や社会の役に立ちたい、という気持ちは、向社会的欲求あるいは利他的欲求と呼ばれます。こうした欲求が充実しうまく働くようになるのは、中学生のころからと考えられています。向社会的欲求は援助行動などの向社会的行動を動機づける要因の一つですが、その際に重要な役割を果たすものに、「共感（性）」と「向社会的な道徳判断」があります。

共感性とは、広義にとらえると、他者の感情状態を認識し、その他者の立場になって考え、その他者と同様の感情を共有したり、その他者の感情に適切な感情反応を起こしたりすることです。少々むずかしいので具体的にいえば、他者が苦しんでいるときに、その苦しいという感情状態に気づき、その人になったつもりで感情を共有し、さらにかわいそうであると同情することです。「共感性」は安定した特性であり、「共感」は場面に依存した一時な状態として、使い分ける研究者もいます。

一方、向社会的な道徳判断とは、困っている他者に出会ったときに、自分が不利益を被っても、援助など向社会的行動をするかどうかを判断することです。

共感性の発達ではホフマン（Hoffman, 1987）の研究が、向社会的な道徳判断の発達ではアイゼンバーグ（Eisenberg, 1986, 1992）の研究が有名です。研究結果を総合すると、中学生のころから、不特定の他者（とくに顔の見えない他者）に対しても共感できるようになり、さらにそうした共感に基づき、たとえ言語的にその理由がうまく説明できなくとも、ほぼ適切な向社会的行動ができるようになる、とまとめられます。（櫻井、２０１７）。

さらにこの時期には、「1　自ら学ぶ意欲の発達的な特徴」でも紹介したように、知的好奇心、有能さへの欲求、そして向社会的欲求の三つの欲求から「自己実現の欲求」が形成されるものと考えられます。この欲求が形成されることによって、級友への援助のために理科の授業でしっかり学びたい、というような向社会的欲求に基づく直近の学習目標のほかに、理科の教師になって多くの子どもたちの役に立ちたい、というような将来の目標（自己実現のための目標）をもって学べるようにもなります。こうした目標の登場によって、自己実現の欲求はより積極的に働くものと考えられます。

(5) 自己理解に基づく自律的な人生・将来目標が設定されること

小学校高学年ころから、二次性徴の発現などで自分に注目するようになります。さらにピアジェが指摘した形式的操作期に近づき、抽象的で論理的な思考（大人並の思考）ができる段階に達します。高い思考力によって自己分析が可能となり、自己理解も深まります。また、先に紹介した自己実現の欲求の登場と相まって、「夢」のような将来の目標（児童期の前期まではこれでもよい）から、自己理解に基づく適切な（実現可能性の高い）人生・将来目標を設定できるようになります。中学生になると徐々にではあるものの、自分の主たる興味・関心や適性などを理解し、それをベースにして、将来どう歩みたいか（どのような仕事に就きたいか、どのような生き方をしたいか）という「自律的な」人生・将来目標が形成され、その達成のために嫌な教科でも自分から学べるようになるのです。この過程をうまくサポートすることが教師や親に求められます。

これは中学生のころからはじまり高校生や大学生のころまで続く、長期的な選択の過程です。青年心理学では「自我同一性の確立」といいます。またこうした自律的な人生・将来目標をもつことが、学校段階の終了時、学業から仕事へのスムーズな移行につながることも期待されています。健全な「キャリア発達」が実現されるということです。しかし人生・将来目標をもつことだけでは、中学校や高校での学習をうまく進めることはむずかしいでしょう。どんなに自律的な人生・将来目標があっても、直近（短期）の学習目標をしっかりもてないと、現実の学校での学習行動はうまく動機づけられないのです。

一方、「他律的な」人生・将来目標をもつことを強いられると、その目標達成のために長期にわたって努力することは困難になります。成功し有能感を感じることや友達の役に立ち自己有用感を感じることはあっても、内発的な学習意欲による学ぶおもしろさや楽しさを感じることがきわめて少ないためです。子どもの主たる興味・関心を理解し、子どもが誇れる仕事に就けるように、さらに充実した人生が送れるように、教師や親はアドバイスできるとよいでしょう。ただ、高校生に比べると中学生は確固とした自己（自我）が形成されていないため、まだ夢のような人生・将来目標をもつことも多く、他律的な人生・将来目標であってもネガティブな影響は少ないようです（第1章目標内容理論参照）。

なお、**表3-1**（90頁）に、西村ら（２０１７）による中学生用の人生・将来目標の測定項目に多少の修正を加えた例（櫻井、２０１７）を示しましたので、参考にしてください。

表３－１　子どもの人生・将来目標を測定する項目の例

（櫻井，2017）

●自律的な人生・将来目標

（1）自己成長
・自分について多くのことを知り，成長すること
・生き方や人生を自分なりに選ぶこと

（2）親密性の獲得
・自分のことを気にかけて，支えてくれる人がいること
・頼りになる友だちをもつこと

（3）社会貢献
・困っている人を助けること
・人の役に立ち，世の中をよくすること

（4）身体的健康
・元気でくらせること
・健康であること

●他律的な人生・将来目標

（1）金銭的成功
・ぜいたくなものをたくさん買うこと
・お金がたくさんもらえる仕事につくこと

（2）外見的魅力
・見た目がすてきだと言われること
・かっこよく（または，かわいく）なること

（3）社会的名声
・有名になること
・えらくなり，人から認められること

注）「あなたはどんな人生や生き方を望んでいますか」と問い，各項目に対して重要度を評定してもらうとよい。

人生・将来目標について、自律的な人生・将来目標が主となり、他律的な人生・将来目標が従になることが大事です。中学生のころはまだ、他律的な人生・将来目標を強くもつこともあります。還暦を迎えた私にしても、お金持ちになりたいし、イケメンだといわれるほうがうれしいことは確かです。ですが、高校生以上でこれらを追求しすぎると、そのもとにある理由（過去に人に馬鹿にされ、お金持ちになったりイケメンといわれるようになったりして見返してやりたいからなど）が明らかに他者にコントロールされたものであるため、本来の自分（ほんとうの自分：「オーセンティック・セルフ」といいます）に戻ったときに幸せを感じられなかったり、精神的にも不健康になったりしてしまうのです。

なお、経済的に貧しい人が、十分な食料を手に入れるためにお金持ちになりたいという目標をもつことは、ここでいう他律的な人生・将来目標には含まれません。それは生理的欲求を充足するための目標です。すでに紹介したマズローの欲求階層説（**図2－1**参照）でもわかる通り、まず生理的な欲求が満たされなければ、われわれは生きていけません。当然、自己実現の欲求が形成され機能することはないので、そもそも人生・将来目標とはいえないのです。本書での人生・将来目標の話は、経済的にある程度恵まれている国や地域での話と考えてほしいと思います。

(6)メタ認知能力を充実させること

中学生のころより、メタ認知能力が発達し充実してきます。幼児期からその芽生えはありますが、本格化するのは中学生のころからです。この能力によって、学習過程をセルフ・コントロールできるようになります。すなわち、教師が褒めたり、激励したり、さらにはこうすべきであると指示したりせずとも、子どもが自分を学習に動機づけ、必要な学習活動を展開し、さらに学習活動をモニターしてうまく進んでいないところの学習方略や計画を調整し、最終的な目標が適切に達成できるようにコントロールできるということです。また、学習の途中や終了時に、自分自身で失敗を反省・激励し、成功を喜び・褒めることもできるようになります。これはメタ認知能力に含まれる自己評価（強化）能力が発揮されるからです。メタ認知能力が順調に育てば、生涯学習の基礎が形成されたといえます。メタ認知能力のさらに詳しい内容については三宮（2018）をご参照ください。

■第3章のおさらい

子どもの自ら学ぶ意欲を高める（適切に機能させる）ために、各発達段階において達成すべき課題をまとめました。まとめは、「自ら学ぶ意欲のプロセスモデル」とこれまでの発達心理学の知見に基づいています。

まずどの発達段階でも、「安心して学べる環境」を親や教師が用意したり、子ども自らつくったりすることが必要です。さらに、親や教師が子どもの学習に、適切な「情報」（おもに教えること）を与えることも大事です（子ども自ら獲得することもあります）。

この情報が四つの欲求を活性化し、自ら学ぶ意欲を形成し機能させます。また、自分の学習をコントロールするための「メタ認知能力（自己調整能力）」をうまく育成することも大事です（発達の関係で、青年期のころより徐々に機能するようになります）。

乳幼児期には、自ら学ぶ意欲のうちでも「内発的な学習意欲」の芽をはぐくむため、旺盛な知的好奇心を充足させることが大事です。学ぶことがおもしろい、楽しいという経験によって知的好奇心は充足されます。

児童期には、乳幼児期にはぐくまれた「内発的な学習意欲」をより確実なものにするため、さらに知的好奇心を刺激し、充足させる必要があります。授業でそれを行うことが大事です。さらに、授業の内容がわかることやよい成績を取ることによって有能感を感じさせ、有能さへの欲求を充足させることも重要となります。そして、できるだけ客観的な有能感が形成できるように支援できるとよいと思います。

青年期（ここではおもに中学生や高校生時代）には、「向社会的欲求」が発達してくるため、それを充足させること、さらにこれまでに登場した三つの欲求が統合される形で生まれる「自己実現の欲求」を充足させることも大事になります。自己実現の欲求は自分にとってとくに興味・関心があり、そして得意なことで、人や社会に役立つような活動（おもに仕事）を見出し、その活動（仕事）に就くために、人生・将来目標や直近の学習目標を設定し、長期にわたり学習活動を展開していける欲求です。中学校や高校での学びが自分にとって重要であると認識し、学校の学びに自覚的にかかわることで、自己充実感や自尊感情を高め、向社会的欲求や自己実現の欲求がうまく充足されます。

青年期にはメタ認知能力の発達により、学習を自分でコントロールできるようになります。また、職業や人生の選択もこの能力の発達を受けてうまくできるようになります。

人間のやる気（自ら学ぶ意欲）はこのように上手に培われると、その人らしい個性的な人生を歩むことを可能にしてくれます。

■引用文献

Baltes, P. B., Reese, H.W., Lipsitt, L. P. (1980) Life-span developmental psychology. In M. Rosenzweig, & L. Porter (Eds.), *Annual Review of Psychology*, 31, 65-110.

Eisenberg, N. (1986) *Altruistic emotion, cognition, and behavior.* New Jersey: Lawrence Erlbaum Associates.

Eisenberg, N. (1992) *The caring child.* Cambridge, MA: Harvard University Press. 二宮克美・首藤敏元・宗方比佐子訳（１９９５）『思いやりのある子どもたち』北大路書房

Hoffman, M.L. (1987) The contribution of empathy to justice and moral judgement. In Eisenberg, N., & Strayer, J. (Eds.), *Empathy and its development.* Cambridge University Press, pp.47-80.

Kasser, T., & Ryan, R. M. (1993) A dark side of the American dream: Correlates of financial success as a central life aspiration. *Journal of Personality and Social Psychology,* 65, 410- 422.

Kasser, T., & Ryan, R. M. (1996) Further examining the American dream: Differential correlates of intrinsic and extrinsic goals. *Personality and Social Psychology Bullitin,* 22, 280-287.

西村多久磨・鈴木高志・村上達也・中山伸一・櫻井茂男（２０１７）「キャリア発達における将来目標の役割：生活満足度、学習動機づけ、向社会的行動との関連から」筑波大学心理学研究、五三、八一～八九頁

櫻井茂男（２００９）『自ら学ぶ意欲の心理学』有斐閣

櫻井茂男（２０１０）「第１章 発達心理学とは」櫻井茂男編著『たのしく学べる最新発達心理学』図書文化社 九～二八頁

櫻井茂男（２０１６）「三・四年生の子どもの発達課題」児童心理２０１６年６月号 臨時増刊№一〇二四、一一～一七頁

櫻井茂男（２０１７）『自律的な学習意欲の心理学』誠信書房

櫻井登世子（２０１０）「第４章 認知の発達」櫻井茂男編著『たのしく学べる最新発達心理学』図書文化社 六七～八六頁

三宮真智子（２０１８）『メタ認知で〈学ぶ力〉を高める』北大路書房

篠ケ谷圭太（２０１６）「第10章 授業外の学習の指導」自己調整学習研究会監修、岡田涼・中谷素之・伊藤崇達・塚野州一編著『自ら学び考える子どもを育てる教育の方法と技術』北大路書房、一四〇～一五六頁

渡辺弥生（２０１１）『子どもの「10歳の壁」とは何か?』光文社

■コラム3　わが国の子どもたちのやる気の特徴

長年，わが国の子どもたちのやる気，とくに自ら学ぶ意欲について研究をしてきましたが，外国の研究者と話し合ったり，実際に海外の子どもたちと接したりしてみると，いくつかの特徴があることに気がつきました。

第一に，わが国の子どもたちは，欧米の子どもたちに比べると「好んで自己決定をすること」が少ない（苦手である）ようです（大人も同様です）。欧米では，子どもが自分で決めて行動することを大事にして子育てが行われますが，わが国では親が決めたことに子どもが従って行動することをよしとして子育てが行われます。おそらくこれが原因と思われます。今後，子育てにおいて自己決定が重要視されると，状況は変わるのではないでしょうか。

第二に，現在の日本の子どもたちは，あまり高い目標をもたないようです。私が幼いころは，どの子でも比較的高い目標を掲げていたように思います。総理大臣になりたい，社長になりたい，といった，無謀とも思えるような将来の目標もよく耳にしました。ところが最近，右肩上がりの経済成長が終わり，将来に対する不安が高くなってきたせいでしょうか，子どもたちもそれを敏感に察知してか，かなり堅実な将来の目標をもつように変わってきています。海外では現在でも，かなり高い目標をもつ子どもたちが多いように感じます。

第三に，わが国の子どもたちのなかには，将来自分の就きたい仕事を，なかなか決められない子どもが多いようです。このことは，最近のデータからもいえ，中学生のころから将来のことをもっと真剣に考える必要があるように思います。自己実現のための学習意欲をうまく発揮するためにはとくに重要です。

ここまでネガティブな面ばかり言及してきましたが，最後にわが国の子どもたちのよい点を挙げます。それは，他者への感謝をバネにして学ぼうとする子どもたちが多いということです。人のためになりたいという向社会的な欲求も強く働いているように感じます。

【第Ⅱ部　実践編】

やる気をどう引き出し、育てるか

第４章　四つの心理的欲求を刺激してやる気を引き出す

本章から第Ⅱ部・実践編です。第２章では自ら学ぶ意欲の源には四つの心理的欲求（知的好奇心、有能さへの欲求、向社会的欲求、自己実現の欲求）があることを説明し、第３章では各発達段階でこれらのうちどの欲求がおもに刺激・充足されて自ら学ぶ意欲が育つかをまとめました。本章では、これらの心理的欲求に焦点を当て、親や教師が子どもの各欲求を刺激・充足することで自ら学ぶ意欲を引き出し育てる方法を紹介します。

１　四つの心理的欲求と自ら学ぶ意欲の種類と発達段階の関係

第３章で紹介した通り、四つの心理的欲求の刺激や充足の仕方は発達状況により異なります。さらに欲求の充足により育つことが期待される自ら学ぶ意欲は、乳幼児期と児童期

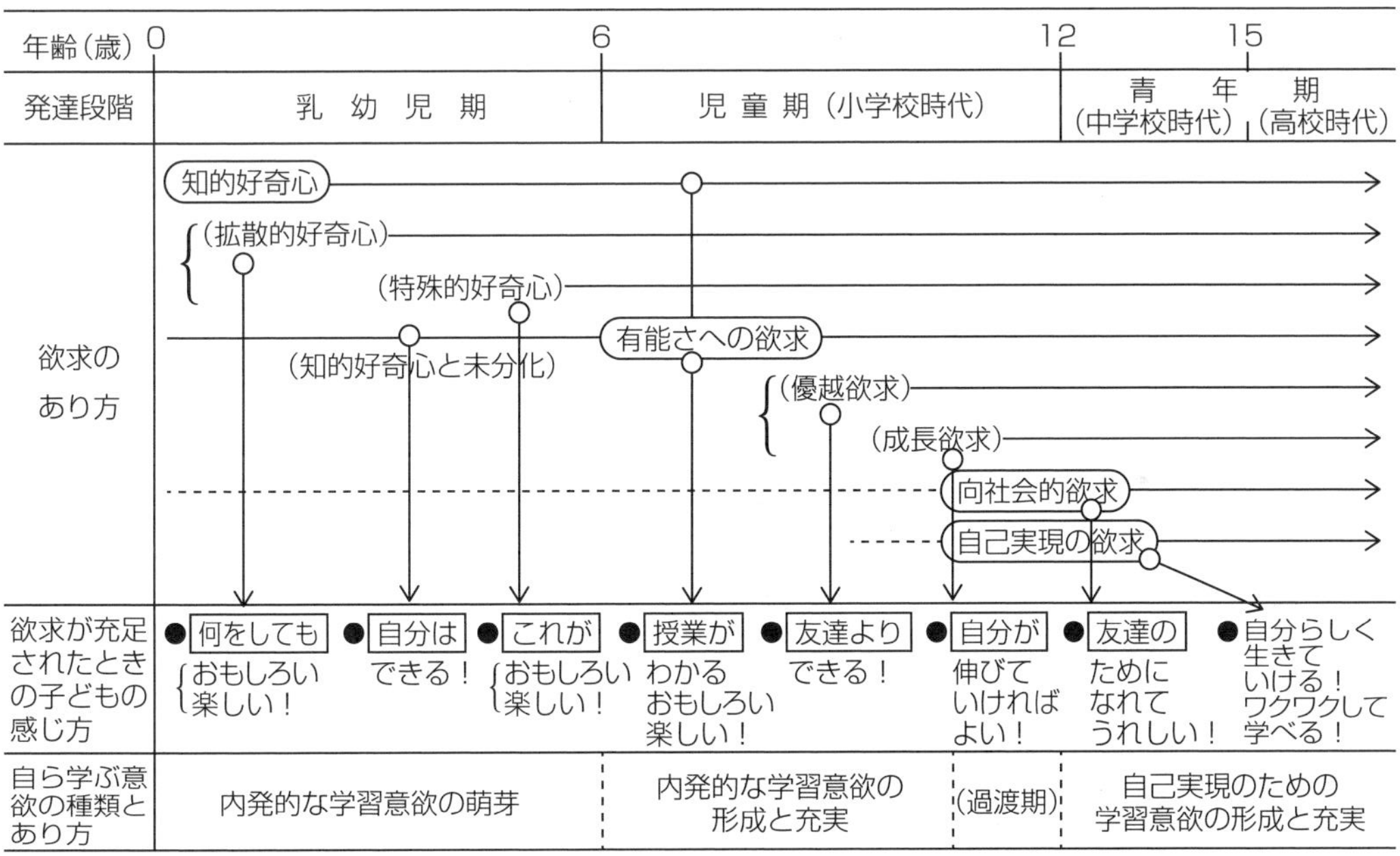

図４－１　発達段階，欲求のあり方，欲求が充足されたときの子どもの感じ方，欲求の充足によって引き出される自ら学ぶ意欲の種類の関係

にはおもに内発的な学習意欲、青年期（中学生以降）には内発的な学習意欲とともにそれを基礎にした自己実現のための学習意欲になります。

以上のことを確認するため、発達段階、四つの心理的欲求のあり方、四つの心理的欲求が充足されたときの子どもの感じ方、四つの心理的欲求の充足によって引き出される自ら学ぶ意欲の種類の関係を**図４－１**、99頁にまとめました。ご確認ください。

2　知的好奇心を刺激して引き出す

知的好奇心を刺激して自ら学ぶ意欲を引き出すには、子どもが学ぶことに興味・関心をもてるようにすること、そして学ぶ過程で「おもしろい」「楽しい」と思えるようにすること、の二つが大事です。人間は本来知的好奇心が旺盛ですので、うまく刺激さえすれば自ら学ぶ意欲が引き出されるはずなのですが、それが結構むずかしいようです。

⑴乳幼児のころ（6歳くらいまで）

まず生まれてから3歳くらいまでは、知的好奇心からその子らしい興味・関心（内発的な意欲）が引き出されやすい環境（安心して学べる環境）をつくることが最も大切です。

そのために、まず主たる養育者（おもに母親）との間に安定したアタッチメント（心の絆）を形成すること、そして母親が子どもの「安全基地」となり、子どもが母親の周囲で自由に探索活動ができる環境を整えることです。安定したアタッチメントが形成されると、この時期の子どもは母親のそばで、母親がそこにいることを確認しながら盛んに周囲の探索活動をはじめます。そしてそうした活動に満足すると、にこにこしながら母親のもとに戻り、何か発見があったとき（例えば、きれいな葉っぱを拾ったとき）には、それを母親に見せて承認してもらおう、褒めてもらおうとします。その際にはにっこりと微笑み、しっかり抱きしめて「きれいね」「すごいね」などと十分に褒めてあげましょう。知的好奇心が充足され、興味や関心（内発的な意欲）が引き出されやすくなります。

言葉が少し話せるようになると、「これはなに？」「これはどうして？」などの質問を連発するようになります。忙しいと、こうした質問に対して回答が雑になったり遅れたりしがちですが、できるだけ「その場で・丁寧に」答えてあげましょう。そうすることで、子どもは安心して好奇心を満足させ、おもしろさや楽しさを感じることができます。

なお、子どもが理解・納得できる回答をすることが重要です。例えば「赤ちゃんはどこから来るの？」という質問に「コウノトリが運んでくるよ」と回答し、子どもが納得するのであれば、そのときはそれで大丈夫です。成長とともに同じような質問を繰り返しますが、求める回答はより科学的なものになり、そうでないと納得しなくなります。

３歳から就学前までの幼児期後期には、知的好奇心のうちの「特殊的好奇心」も発達してきます。それまでは何にでも興味・関心が喚起される「拡散的好奇心」が中心でしたが、やがて多様なものへの興味・関心によってもたらされる結果（よくできた、おもしろかった、楽しかったという経験）によって、その子にとって特別な興味・関心が形成されるようになります。そして子ども自身は（おそらく）無自覚なままそうした特別な興味・関心のあるもの（例えば、木の幹で生活するカブトムシ）に長時間じっくりかかわるようになっていきます。そのような状況が見えてきたら、親や保育者は子どもの特別な興味・関心を刺激するような情報を与えましょう。カブトムシの例でいえば、「カブトムシは何を食べているのかな」「カブトムシは空を飛べるのかな」などと尋ねてみるとよいのではないでしょうか。そして、できたらそのことを一緒に調べてみましょう。

特殊的好奇心は、その子の個性のもととなる好奇心で、将来的に就きたい職業とも密接に関連する、重要なものです。特別な興味・関心のあることでうまく達成できたときには（例えば、カブトムシの絵がうまく描けたら）、十分に褒めてあげましょう。何か発見があったときには（例えば、種類の異なるカブトムシを見つけたら）、その気持ち（感動や驚き）に共感してあげましょう。そうすることで、内発的な学習意欲の芽が徐々に膨らんでいきます。ただし、あまりにも特別な興味・関心だけに偏りすぎているような場合には、興味・関心の幅を広げて特殊的好奇心をより豊かに育てることも必要です。

⑵小学生のころ

小学校に入ると、それまでと環境が一変します。まずは教師や級友と新たな対人関係を築き、教室が安心して学べる場になることが重要です。そして新たにはじまる授業で知的好奇心が刺激されて内発的な学習意欲が形成され、確固たるものに育つことが大切です。

子どもにとって、①授業はがんばれば理解できるものとなり、②授業の最初と最後を中心に「おもしろい」「楽しい」というポジティブな感情が多く経験され、③テストや試験でよい成績が取れる（有能さへの欲求の充足）ように指導することが求められます。

知的好奇心を充足させるには、授業内容がわかることが必須条件です。わからないと授業はおもしろくなく、学ぶ意欲は減退してしまいます。アクティブ・ラーニングの技法などを取り入れ、積極的に級友と話し合える場面や知識が日常生活において生かせる場面などを用意し、「級友とともに理解できておもしろい」「知識を生かせて楽しい」と思える経験をさせましょう。わかる授業が続けば、子どもはその授業、ひいてはその教科を好きになり、自然に意欲が喚起・持続されます。この現象を心理学では「機能的自律」といいます。機能的自律がうまく作用すると、多様な教科において知的好奇心に基づく意欲が引き出されるようになります。一般的に、小学校低学年では拡散的好奇心も旺盛なので、わかるという経験によって多くの教科を意欲的に学べる可能性が高まります。さらに、授業で取り上げられる学習内容はまだそれほど高度ではありませんので、うまく説明できれば、どの子でも比較的容易に理解ができるものと期待されます。

小学校高学年では、授業内容がむずかしく抽象的な思考も要求されるようになります。次第に具体的な例示がなくても論理的な思考（いわゆる抽象的な思考）ができるように成長していくため、それに伴って授業内容も小学校３、４年生ころから抽象度が高くなるのです。知的好奇心を刺激して意欲を引き出すには、理解しやすいように工夫された授業や「概念的葛藤」という現象を活用した授業が有効でしょう。

概念的葛藤（認知的葛藤）とは、子どもがすでにもつ知識と教師が与える新しい知識の間のズレによる葛藤です。葛藤の大きさが適度な場合、知的好奇心が刺激され、積極的に学ぼうとします。心理学者のバーラインが取り上げ有名になりました（波多野・稲垣、１９７１）。波多野・稲垣（１９７３）は、次のような実験的な実践例を挙げています。

子どもたちを二つの群に分けて実験を行いました。一つの群（実験群）の子どもたちには、私たちがふつうに抱いているサルのイメージと合致しないサルの話をしました。小鳥のように鳴く「ゴールデンタマリン」や、フクロウみたいな顔をした「メガネザル」の話です。一方、もう一つの群（統制群）の子どもたちには、ふつうに抱くイメージに合致はするが、子どもたちがまだ聞いたことがないサルの話をしました。「パスタザル」や「クモザル」の話です。このような処遇（教育）の後、どの程度知的好奇心が喚起されたかを調査した結果、学校や帰宅後の自由な時間に自ら進んでサルのことを調べたり、家族に学校で聞いたサルの話をしたりするのは、実験群の子どもたちのほうが統制群の子どもたちよりも多かったのです。

なお、概念的葛藤は、個別指導ではうまく機能するのですが、集団を対象にした場合には、子どもたちがもっている既有の知識レベルを査定して揃えておかないと（習熟度別のクラスを構成しないと）うまく機能しないようで、その点が課題になっています。

(3) 中学生のころ

中学校に進学すると、授業がさらに高度になり、教科担任制が本格的にスタートします。

専門の知識をもった教師が、知識やスキルを駆使して、子どもの知的好奇心をくすぐるような授業をすることが大事になります。

また、子どもごとに興味・関心のある教科が限定されてくるため、興味・関心が低い教科の授業では自分の興味・関心と関連づけて学ぶよう指導することも有効でしょう。ただこのころは、興味・関心だけでなく、自分の将来のことを考えて、学校の授業に学ぶ価値があると思えれば（将来の目標をある程度設定でき、その達成をめざして現在の学習を価値づけられれば）、自己実現のための学習意欲が引き出されて活発に学べます。

3　有能さへの欲求を刺激して引き出す

有能さへの欲求には、他者に勝りたいという優越欲求と、過去の自分よりできるようになりたいという成長欲求があります（第２章参照）。幼少期にはこうした欲求の区別はないようで、課題の出来栄えを母親に褒めてもらえれば満足します。小学校低学年のころから優越欲求が芽生えはじめ、高学年のころからかなり強まります。成長欲求は優越欲求では対応できないとき（多くの場合は競争しても他者に勝てないとき）に存在に気づきます（気づかないで悩んでいるときには教えてあげる必要があります）。成長欲求は競争でなく、自分の基準で少しずつ伸びていけばよいとする欲求なので、目標を決め、その達成をめざして努力した結果を評価する絶対評価や、多様な教科や分野のなかで自分が何に優れ何に劣っているかを明らかにする個人内評価と関連しています（第5章参照）。

さて、有能さへの欲求を刺激し自ら学ぶ意欲を引き出すには、子どもが自分を有能だと思えるようになることが第一です。具体的にいえば、勉強ができる（よい成績が取れる）と思えることが大事なのですが、そのためにはわかる（理解できる）必要があるので、できる・わかるという両方の経験をさせることが不可欠といえます。また、幼児期初期は成功・失敗の判断がうまくできないため、出来栄えを褒めたりご褒美を与えたりして、有能であるという感覚を強めることも大事です。小学校高学年くらいになれば、自己強化能力（メタ認知能力の一つ）が発達してくるため、勉強の内容がわかったときやできたときに、そのことを取り立てて褒めなくても（褒めてもよいですが）温かく見守るだけで、同じように有能であるという感覚を強めることができるでしょう。また、成長とともに、ご褒美は内発的な学習意欲を低減させてしまうことになるので、使用には注意が必要です。ご褒美（物質的な報酬）に依存することがないように、頻繁に使用することや約束して（ご褒美で釣って）使用することなどは避けるようにしましょう。

なお、有能さ（コンピテンス）のなかには、学業に対する有能さのほかに、社会的な有能さ（社会的コンピテンス）も含まれます。対人関係をうまくつくれたり、維持できたりすること、他者や社会のために何らかの貢献ができること、などは社会的有能さです。こうした見方から、次節で扱う「向社会的欲求」（他者や社会のために役立ちたいという欲求）は有能さへの欲求の一つと位置づけることもできるでしょう。有能さには、これらのほかに、全体的な自分（自己）に対する有能さである自尊心、自尊感情（セルフ・エスティーム）や自己価値、スポーツに対する有能さもあります（桜井、１９８３）。

⑴乳幼児のころ（6歳くらいまで）

生まれてから3歳くらいまで、子どもが何かできたとき（とくにできたものをもってうれしそうに近づいてきたとき）、微笑みながら抱き上げたり頬ずりしたりして十分褒めてあげましょう。友田（２０１８）によると、十分褒めることには脳の報酬系を活性化し、自分が有能であるとの思い（認識）を強める効果があることがわかってきました。

２歳前後から基本的な生活習慣を習得するためのトレーニングがはじまります。一人で食べたり、衣服の着脱ができたり、トイレが使えたりできるように訓練しなければなりません。順調な発達のためには、３歳の終わりか4歳のはじめごろまでには、こうした生活習慣を確立する必要があります。とくにトイレの使用についてはうまくできない子どもが多いといわれますので、気長に忍耐強く、トイレットトレーニングをしましょう。そして少しでも進歩が認められたら、十分に褒めてあげましょう。もちろん、スキンシップをしながら、母親の温かさが感じられるようにすることも忘れずに。幼少期ではこの基本的な生活習慣の確立が、客観的な事実に基づく最も大きな有能感を形成し、それにより有能さへの欲求がさらに強く喚起されるようになります。

3歳くらいから、基本的生活習慣のうち、やや高度なもの（例えば、食前に手を洗い食後に歯を磨く、衣服の調整ができる、排泄の後始末がきちんとでき手を洗う）が習得できるようになります。少しずつでもそれらが身についてきたら、しっかり褒めましょう。また、子どもは身についた習慣を自分で行おうとするため、気持ちを汲んで見守ることも重要です。有能感の形成とともに母親との安定したアタッチメントも強くなります。

さらに、発達の早い子どもは、友達にできて自分ができなかったこと（例えば、ジャングルジムに登れないこと、食事に時間がかかること、走るのが遅いこと）を、悲しい目をして母親に話すようになります。他者との比較（社会的比較）ができるようになることは成長の証なのですが、できないことをそのままにしておくと有能感が低下し、有能さへの欲求も低減してしまう恐れがあります。子どもの話をよく聞き、悲しい気持ちを受容し共感するとともに、母親ができる範囲で（必要であれば園の先生とも相談しながら）、練習できるとよいでしょう。子どもが自分の心の重荷を母親に話せるということは、母親が安定したアタッチメントの対象になっていることの証でもあります。

(2) 小学校低学年のころ

小学校に入って最も大きな変化は授業がはじまることです。先述の通り、授業で子どもの有能さへの欲求を刺激し自ら学ぶ意欲（このころは内発的な学習意欲）を引き出すには、授業内容がわかると当時に、テストでよい点を取ることが必要です。また、宿題や作文で教師から高い評価を得ることも有能感につながります。授業内容がわかること、さらにいえば深い理解をすることが高い得点につながりますので、わかることを軽視してはいけません。この点は知的好奇心を刺激しやる気を引き出す場合と重なります。

また、低学年の授業では、基本的な知識をしっかり身につけ、その知識を材料に考えることが大事になります。「人間は考える葦である」とパスカルはいいました。か弱い人間が逞しく生きるには考えることが不可欠であり、考えるためには考える材料がなくてはなりません。現代は高度なパソコンやＡＩの登場などで、覚えること（記憶）を軽視する風潮があります。そうした機器や人工物を使うことは今後さらに増えますが、私たちがしっかり考え判断し表現するには、基本的な知識をしっかり身につけておく必要があります。一度覚えたくらいでは、記憶は長もちしません。短記記憶を長期記憶に移して長い間保存するためには、復習することが重要です。そのために教師は宿題を課したり、テストをしたりします。すべてが記憶のためではありませんが、小学校低学年のころは、テストでよい成績を取ることが長期記憶（知識）を豊かにするために重要なことです。

学習内容を定着させるために家庭での学習習慣を形成することもこの時期の課題です。学習習慣の形成によって宿題や復習、予習をコンスタントに行うことができるようになれば、現在そして将来にわたってよい成績を取れる可能性が高まります。なお、この時期はピアジェのいう「具体的操作期」に当たります。具体的なものを使って教えることで子どもの論理的な思考が可能になることを踏まえて授業を構成・工夫しましょう。

(3)小学校高学年のころ

小学校も高学年になるころから、友達よりよい成績を取りたい、という欲求が強くなってきます。他者との比較を通して自分の出来栄えを評価する相対評価が頻繁に起こるようになるのです。これまでのように友達と同程度の出来栄えでは有能と思えません。この心理的欲求は他者と競い合い、自分の能力を磨くことにつながるというポジティブな面をもっている反面、競争にいつも負けてしまうと無能感が高じるというネガティブな面ももち合わせています。そのため、親や教師が子どもに対して、この欲求をどのように充足させ、自ら学ぶ意欲を引き出すかが大事なポイントになります。

一般的に、得意な教科や分野では、競争をしても勝つことが多いため有能感を感じられます。なかでも順位が1番であればものすごく高い有能感を感じることができ、自ら学ぶ意欲を高めることにつながるでしょう。一方、苦手な教科や分野では競争しても勝つことがむずかしいため、苦手分野に関しては、競争は一つの出来事として冷静に受け入れ、これまでより自身が少しでも伸びることをよしとする成長欲求に基づいて切磋琢磨するほうが無能感を抱かず、有能感を維持・高めることにつながります。

成長とともに学校現場での競争は避けられないものになるので、競争の結果をどう受け止めるか指導することが重要です。潜在的な能力や努力の程度によってその時期は異なるものの、成長とともに（中学校、高校、大学と進むにつれて）、ずっと勝ち続けるのは不可能であることを実感する日がやってきます。成長することをよしとする成長欲求の重要性をできるだけ早いうちに理解しておくほうが得策といえるでしょう。

成長欲求を刺激し自ら学ぶ意欲を引き出すことは簡単ではありませんが、一つには、ある教科の成績で競争に負けても、その教科が自分の将来にとって大事である（例えば、就きたい仕事に関係している）との思いがあれば、さらなる成長をめざしてその教科の学習をがんばれるものと考えられます。そのほかの方法についても考えてみてください。

⑷中学生のころ

中学校に入ると、各教科の内容はさらに高度になります。通常は教科担任制がしかれ、子どもの得意・不得意教科もよりはっきりしてきます。先述の通り、級友と競争して（勝って）有能感を得る教科と、競争はほどほどにし、自分が成長すればよしとして有能感を得る教科をある程度考えて対応できるようになることが理想です。

ただ、よい成績を取るためには、自分一人ではなく、級友などと協力することも必要です。みんなでがんばってよい成果を挙げる、グループ学習のような形態の授業も大事でしょう。級友などのために貢献できると、対人的な有能感を得られるよい機会にもなります。２０１７年改訂の学習指導要領における「対話的な学び」の一つと位置づけられます。

また、この時期によい成績を取るには、自分にとって有効な学習方法を習得することも大事です。例えば、書いて覚えるのか、音読して覚えるのか、黙読して覚えるのか、中学生くらいになると、これまでの経験からどれが自分に適しているかの判断ができるようになるはずです。判断ができないとしたら、いままでしっかり学んでこなかったか、学習している自分をしっかり見つめてこなかったかのいずれかでしょう。それでも、遅くはありません。この時期には思考力もメタ認知能力も急速に発達します。自分でよく考え、いろいろな工夫をして学び、自分に適した学習の仕方を見出させてください。

メタ認知の発達によって、学習している自分をモニターし、適宜、学習の仕方を調整したり、気晴らしをしながら効率的に学んだりする自己調整学習が可能になります。早ければ小学校の高学年より可能となりますが、本格的な自己調整学習は中学生くらいになってからです。これができるようになると、まさに自律的な学習者ということができます。メタ認知能力のなかには、自己強化という能力も入っています。親や教師に褒められなくても、よい成績が取れたときには自分を褒め、悪い成績しか取れなかったときには反省し自分を激励することができる能力です。これもすばらしい能力であると思います。ときには親や教師による賞賛や激励も必要ですが、それがなくてもがんばれるところに、自律した人間に成長した中学生の強みがあります。

中学生は、大人と同じような抽象的で論理的な思考力を獲得する時期にあり、これはピアジェのいう「形式的操作期」に当たります。純粋に論理的であるため、大人の曖昧さを軽蔑するようにもなります。論理的な思考のすばらしさとともに、それを社会に適用するときの柔軟さについてもある程度学ぶことが必要であると思われます。

なお、有能さを感じることで有能さへの欲求が刺激されることは基本ですが、一方で、有能でないことを知ることでより有能になりたいという欲求が刺激されます。また、怠けてよい成績が取れなかったときに、（信頼関係のもとで）親や教師に叱られることが子どもの気持ちを引き締め、次はがんばろうという気持ちにさせることもあります。こうした場合には叱ってもらえることはうれしいことだと感じます。また、能力が高いためにあまり努力せずとも周囲の友達と同程度のことができてしまう子どもには、より高度な課題を与えてもっと能力が発揮できるよう励ますことも大事でしょう。

近年、行動遺伝学が盛んになり、学業成績に遺伝的要因がかなり強く作用していることがわかってきました（安藤、２０１８）。思うような成績が取れないとき、十分な努力もしないで「遺伝のせいだからしようがない」とすぐあきらめることは禁物です（とくに小学校や中学校程度の学習内容であれば、時間をかけ十分に努力することである程度までは理解し習得できるものと思うので、粘り強い努力が必要でしょう）。しかし、どんなに努力をしてもよい成績が取れない場合、遺伝も一つの要因としてかかわっていることを知り、ある程度折り合いをつけ、自身の苦手分野との向き合い方を考えるほうがよいです。

4　向社会的欲求を刺激して引き出す

向社会的欲求とは、子どもの場合、おもに級友や身近な社会のためになることをしたいという心理的欲求です。この欲求を刺激して自ら学ぶ意欲を引き出すには、授業で級友を助けたり、地域社会における弱者（幼い子どもや高齢者、障害者など）を助けたりする経験などによって自己有用感（自己充実感）を得ることが必要です。それによりさらに級友を助けたい、地域の人の役に立ちたいと向社会的欲求が高まり、学校での学習の価値（現在の勉強をしっかりやることによって、現在・将来ともに級友や弱者を支えられること）を自覚し、自ら学びたいという思いが強くなるものと考えられます。

⑴乳幼児のころ（6歳くらいまで）

向社会性（他者に思いやりの気持ちをもち、行動すること）の基礎となる、他者の立場に立って考えられること（心理学では「視点取得」、「心の理論」といいます）ができるのは、４歳前後であるといわれます。従来は小学生にならないとできないと考えられてきましたが、それよりずいぶん早い時期に達成されることが近年の研究でわかりました（櫻井編、２０１０）。それゆえ幼稚園の年中や年長になると、親や保育者がいって聞かせれば、他者の立場に立って考えたり、他者と同様の感情を共有したりすることもできるようになります。例えば、友達を叩いてしまい、相手が泣き出したときには、「○○ちゃんは叩かれてどう思っているかな？」と問いかけることで、他者の立場になって考えることを促せます。また、謝る気持ちを表現できた場合にはしっかり褒めてあげることも重要です。

(2)小学生のころ

小学校に入ると、他者の立場に立って考えることが十分にできるので、成績が芳しくない級友の気持ちを察し、自分の得意な教科である場合には、わからないところを教えてあげるなどの思いやりのある対応ができるようになると思われます。また、反対に自分の苦手な教科は別の級友が教えて補うという形で、互恵的な援助ができるようになります。教師はそのような対応を支援していくことが重要です。授業でも、グループ学習などの対話的な方法を用いることで、子ども一人一人が自分の強みを生かしてグループに貢献し、よりよい成果を上げ、全員がグループのメンバーとして有用感を感じられるようにするのが理想です。有用感を感じることができれば、向社会的欲求は強まります。

大谷・岡田・中谷・伊藤（２０１６）は、クラスの目標が子ども（小学5、6年生）の内発的な学習意欲や学業の自己効力感（勉強はやればできる、という信念）にどのような影響をもたらすかを検討しました。クラスの目標は、向社会的な目標（例えば、相手の気持ちを考えるなど）でした。分析の結果、目標を肯定的に受け止めている子どもは、相互学習（例えば、互いの得意な勉強内容を教え合う、興味のある勉強内容について話し合う、わからない問題を一緒に考えたり調べたりする）が多くなり、結果として内発的な学習意欲や学業の自己効力感が促進されました。すなわち、他者を思いやる目標が学級内で共有されると、級友が相互にかかわり合う学習（協同学習）が促進され、結果として学習がおもしろくなり内発的な学習意欲が促進されたり、自分でもやればできるという自己効力感が高まったりするということです。教師は学級の目標をうまく設定できれば、子どもの自ら学ぶ意欲を高めることができるといえます。

⑶中学生のころ

このころ、共感が身近な級友から学校の友達や近隣の人たち、さらには会ったことがない第三者にも広がり普遍的なものへ発達していきます。学校の授業での助け合いに留まらず、遠隔地でのボランティア活動に参加したり、より専門的なボランティアに参加するために特別な知識や技術を身につけたりできるようになります。授業に限定せず、そうした向社会的な活動に参加できるよう支援することが重要になるでしょう。

また、自分の適性を生かした高度な援助が可能な仕事をめざしてがんばる子どもも出てきます。中学生は、職業体験などを通じ、自分が何に興味があり、どんな仕事に適しているか、自己分析しながら将来を展望する時期です。次節で再度説明しますが、向社会的欲求と自己実現のための欲求は強く結びついており、関連するのは当然といえます。

5　自己実現の欲求を刺激して引き出す

自己実現の欲求とは、自己理解（自分の適性や長所・短所など）に基づき、自分らしく生きるため、主体的に人生・将来目標をもってその実現に向けてがんばろうとする欲求です。そのため、子どもの自己理解を促して人生・将来目標を主体的にもてるよう指導し、目標実現のために学校での学習へのやる気を引き出すことが大事です。

⑴小学校低学年のころまで（8歳くらいまで）

このころはまだ知的能力が十分に発達していないため、自己理解も不確かな状態です。したがって、自己理解に基づいて人生・将来目標をもつことはほぼ不可能と思われます。

ただ想像力は豊かなので、おいしいものを食べたり、きれいなものを見たりしているうち、それらのものをつくれる人になりたい、という夢をもつことは多いです。「叶えられるといいね」などと言葉がけをすることで、夢をもつことのすばらしさを実感させ、将来の実現可能な夢（現実的な人生・将来目標）につなげられるとよいです。また、親のような人になりたい、という夢を語ることもあるので、親はよい手本（モデル）になるよう意識しましょう。いきいきと生活したり仕事をしたりする姿を見せてあげてください。

(2) 小学校高学年のころ

二次性徴の発現で自分を意識するようになると、やがて高度に発達した思考能力で自分を精緻に分析するようになります。他者（親や教師や友達）の意見も参考に、徐々にしっかりした自己理解を形成していきます。そしてその自己理解に基づき、自分は何をすればよいのか、したいのか（就きたい仕事や理想の生き方）、考える段階に達します。

この段階では、教師や親は子どもの自己理解を促すことが第一です。子どもとの信頼関係に基づき、それまで見てきた子どもの様子から、ポジティブな情報もネガティブな情報も提供することが重要です。一定の自己理解ができると、子どもは自分はこうではないか、と親や教師（あるいは友達）にその理解の正否の確認を求めるので、その際には自身の意子どもとの意見交換くらいに位置づけておけばよいと思われます。小学校段階ではこうしたやりとりは将来の仕事や生き方が少しずつはっきりしてきます。中学生くらいになるとこうしたやりとりの結果、意見を返してあげることが重要でしょう。それに対しても率直な仕事に就きたい、生き方がしたいと具体的な考えを示してきたら、より客観的になった自己理解に基づき、このような見をしっかり伝えることが必要です。

⑶中学生のころ

多くの公立学校では、中学校入学の三年後に高校受験が待っています。それまでに人生・将来目標（おもにおおまかな職業選択）をほぼ決め、実現のために現在の学校での勉強や高校受験を位置づけ、がんばる意欲をもてるよう指導することが大切です。目標を決めるための自己理解を深める方法には、職業適性を検討するため「職業適性検査」を受けてみたり、自分の適性に関する他者の意見を聞いてみたりする方法があります。

自分も仕事を通して社会のために役立つことができるという意識も、このころから生まれてきます。理解の遅い級友の援助をするため、授業をしっかり聞く、といった向社会的な欲求に基づく行為もすばらしいですが、こうした欲求を将来の仕事や生き方に向けて、より大きな意味での向社会的な欲求の実現につなげることも大事なことです。向社会的な欲求はやがて自己実現のための欲求につながっていきます。

中学生を対象にした最近の研究（倉住・櫻井、２０１５）では、①親・教師・友人（身近な他者）との「親密さ」、②そうした他者がもっていると子どもが思う「学業への価値観」（勉強は大切である、将来役に立つ、などの価値観で、自己実現のための学習意欲に重要な学業価値観）、③自己実現のための学習意欲などが質問紙により測定されました。

分析の結果、親との親密さが高いほど、また親の学業への価値観が高いと子どもが思うほど、子どもの自己実現のための学習意欲は高くなりました。さらに、親の学業への価値観が高いと子どもが思うほど子どもの自己実現のための学習意欲はより高くなりますが、その程度が親との親密さが高いほど高くなる、という結果でした。この結果から、親が子どもと温かい関係をつくり、子どもの将来に期待し将来のために現在の学習が大事だと考えられれば（おそらくそれを率直に子どもに伝えられれば）、子どもの自己実現のための学習意欲は喚起されるようになると推測できます。なお、身近な他者が教師や友人の場合には、このような結果は一部にしかみられず、中学生にとって、自己実現のための学習意欲の形成に及ぼす親の影響力はかなり大きいといえるでしょう。

教師の場合には、職業体験などのキャリア教育を通して、自己実現のために学校での授業をがんばることが重要であることを促していくことが求められます。

さらに、私が大学院で指導した高地（２０１７）の研究によると、高校受験観が中学生の学習意欲に大いに影響することがわかりました。この研究では、中学生を対象に高校受験観を測定する質問紙を開発しました。その質問紙は、①自己の成長（例：高校受験は自己の成長につながる）、②勉強への誘導（例：高校受験がないと知識が身につかない）、③将来への懸念（例：高校受験で合格しないと将来の就職先が限定される）、④受験の苦労（例：つらいものである）という四つの下位尺度から構成されました。高校受験観と自ら学ぶ意欲（内発的な学習意欲と自己実現のための学習意欲）、学校や家庭での適応との関連を検討したところ、高校受験に対してポジティブな「自己の成長」という受験観は、内発的な学習意欲や自己実現のための学習意欲を経て適応に影響する一方、高校受験に対してネガティブな「勉強への誘導」「将来への懸念」「受験の苦労」などの受験観は、他律的な学習意欲を経て、不適応に影響することがほぼ明らかになりました。

高校受験を「自己の成長」としてポジティブにとらえられれば、さらにいえば高校受験を人生・将来目標を実現させる過程における「よい挑戦の機会」と位置づけられれば、他律的な学習意欲ではなく自ら学ぶ意欲（とくに自己実現のための学習意欲）が促され、いきいきとした中学校生活を送ることができるでしょう。自律的な人生・将来目標（表3－1参照）を主としてもてるような指導をすることが大事だと考えられます。

■第4章のおさらい

四つの心理的欲求を刺激して自ら学ぶ意欲を引き出し育てる方法を説明しました。

知的好奇心については、おもに授業において興味・関心を喚起し、授業内容が理解でき、そしておもしろい、楽しいと感じるような指導をすることが大事です。

有能さへの欲求については、自分が有能であると感じられるよう指導することが大事です。この欲求には優越欲求と成長欲求の二種類があるので、得意教科では優越欲求によって級友と競ってよい成績を取ることで、苦手教科ではおもに成長欲求によって個人として少しずつ伸びることで有能感を感じられるようにすることがよいと考えられます。

向社会的欲求については、級友や身近な社会のためになることを通して自己有用感や自己充実感を得られるよう指導することが大事です。授業での相互学習やグループ学習で、友達から助けられたり助けたりする経験やボランティ経験がよい機会になります。

自己実現の欲求については、客観的な自己理解（自分の適性や長所・短所など）に基づき、自分らしく生きるため、主体的に人生・将来目標（仕事や生き方などの目標）をもち、その実現に向けてがんばれるよう指導することが大事です。学校でのキャリア教育も重要ですが、親が子どもと温かい関係を築き、子どもの自己実現にポジティブな考えをもつことで、子どもの自己実現のための学習意欲を喚起させることができます。

■引用文献

安藤寿康（2018）『なぜヒトは学ぶのか』講談社

波多野誼余夫・稲垣佳世子（1971）『発達と教育における内発的動機づけ』明治図書出版

波多野誼余夫・稲垣佳世子（1973）『知的好奇心』中央公論新社

倉住友恵・櫻井茂男（2015）「中学生における「他者との親密さ」ならびに「他者が有する学業への価値観の認知」が学業動機づけに及ぼす影響―親・教師・友人に注目して」筑波大学心理学研究、五〇、四七〜五八頁

大谷和大・岡田涼・中谷素之・伊藤崇達（2016）「学級における社会的目標構造と学習動機づけの関連―友人との相互学習を媒介したモデルの検討」教育心理学研究、六四、四七七〜四九一頁

桜井茂男（1983）「認知されたコンピテンス測定尺度（日本語版）の作成」教育心理学研究、三一、二四五〜二四九頁

櫻井茂男編著（2010）『たのしく学べる最新発達心理学』図書文化社

高地雅就（2017）「中学生の高校受験観と学習動機ならびに適応との関連」平成28年度筑波大学大学院教育研究科（スクールリーダーシップ開発専攻）修士論文

友田明美（2018）「脳科学からみた発達障害と愛着障害の違い」指導と評価、六四（一二）、一八〜二〇頁

二つ目は「ほかの人とうまく関わる力」です。社会性（社会的コンピテンス），リーダーシップ，協働性，コミュニケーション力，思いやり（向社会性）などがこれに入ります。子どもの場合には，とくに教師とよい関係を築きうまく学ぶこと（十分に理解できない点を教師に質問して学びを深めることなど），級友や友達とよい関係を築き協同して学ぶこと（一緒に問題を解いたり，授業の内容がうまく理解できないときには理解できている級友に教えてもらったり，反対に級友がうまく理解できないときには自分が教えてあげたりすることなど）がよりよい学習効果をもたらすことになります。

先の数学（算数）の例でいえば，級友と協力（協働）することで，いろいろな問題の解き方を学ぶことができるでしょう。その結果として創造性も高まることが期待できます。

なお，この力は2017年改訂の学習指導要領で強調されている「対話的な深い学び」を促す力といえます。

三つ目は「感情をコントロールする力」です。感情コンピテンスや感情知能といわれるものなどがこれに入ります（厳密には，認知能力の一部といえるかもしれません）。怒りや落胆といったネガティブな感情をうまくコントロールすることができなければ，学習活動をスムーズに展開することがむずかしくなります。

先の例でいえば，数学（算数）の問題がかなり高度で簡単には解けないとき，解けないからといってすぐにカッとなってしまえば，いくら認知能力が高くても，正答にいたることはできません。ネガティブな感情をうまくコントロールし思考を続けることが大事です。

確認になりますが，本書で取り上げているやる気（自ら学ぶ意欲）は非認知能力の代表のようなものであり，認知能力を十分に発揮させるために重要な役割を担います。

■参考文献

国立教育政策研究所（2017）非認知的（社会情緒的）能力の発達と科学的検討手法についての研究に関する報告書

■コラム４　知能とやる気―認知能力と非認知能力の関係―

近年，教育の効果を上げるためには，認知能力とともに「非認知能力」の育成が重要だと考えられるようになりました。

認知能力とは，いわゆる認知能力（知能）検査で測定されるような知的能力のことであり，具体的には記憶力，理解力，推理力，思考力，判断力などが含まれます。こうした認知能力をうまく発揮させるには，じつは「非認知能力」が重要であることがわかってきたのです（国立教育政策研究所，2017）。非認知能力とは文字通り，認知能力以外の能力のことで，学校教育でとくに注目されているのは，次の三つです。

一つ目は「目標を設定し，その達成に向けてがんばる力」です。やる気，忍耐力，自制心などがこれに入ります。本書で取り上げているやる気（自ら学ぶ意欲）やメタ認知能力も入っています。

メタ認知能力とは，学習場面に限っていえば，子どもが目標を設定し，その後の学習への見通しをもち，学習開始後は学習状況を自らモニターし，学習がうまくいっていないときには，その計画ややり方（学習方略）などを微調整し，よりよい学習結果が得られるようにしたり，最終的な段階では学習結果を振り返り，その後の新たな学習を効果的に行えるように目標や計画ややり方などを調整したりする力のことです。自己調整能力ともいいます。より詳しいことは第６章をご参照ください。

認知能力がどんなに高くても，目標の達成に向けてがんばる力が十分でないと，よい学習成果を挙げられない可能性があります。例えば，数学（算数）の問題を解くには，授業内容を理解し，授業のなかで登場した公式を暗記する必要がありますが，そうしたことができる認知能力があったとしても，授業をうまく理解できるまで根気強くがんばったり，公式の暗記の仕方を工夫したりすることができなければ，問題を着実に解くことはできません。

なお，この力は2017年改訂の学習指導要領で注目されている「主体的な深い学び」を促す力といえます。

第５章　適切な評価とフィードバックでやる気を引き出す

課題の出来やテストの結果を評価し、フィードバックすること（称賛、激励、叱責、報酬の付与などを含む）で、子どもがもつ自ら学ぶ意欲は大きく変化します。もちろん、教師や親による評価だけでなく、子ども自身による評価にも力があります。本章では、適切な評価とフィードバックによって意欲を引き出し育てる方法について説明します。

1　三つの観点に基づく評価の分類

評価は、①評価の「主体」、②評価の「基準」、③評価の「時期」という三つの観点によって、それぞれ分類することができます（小野瀬、２０１７）。

(1)評価の「主体」による分類

評価の「主体」とは、だれが評価者（主体）となり、だれが被評価者（対象）となるか、という観点のことです。この観点によると評価は次の三つに分類できます。

一つ目は、評価者と被評価者が別人となる「他者評価」です。例えば、学習者である子どもの成績を、教師や親が評価する場合が該当します。一般に学校の教育場面では、教師による子どもの評価が多く、またそれが重要です。

二つ目は、評価者と被評価者が同一人である「自己評価」です。例えば、学習者である子どもが自分の成績を評価する場合が該当します。**図2-3**の「振り返り」がまさにこの評価です。子どもが自身の学習状況を把握し、学習の自己調整や改善につなげられればすばらしい評価になり、その過程を通して自己評価能力も伸びることが期待されます。一方、安易な自己評価になる可能性もありますので、注意と指導が必要です。

三つ目は、評価者と被評価者が入れ替わる「相互評価」（仲間評価）です。例えば、級友同士で相互に評価する場合が該当します。同等の立場の人が評価し合うため、一般的には成績よりも、パーソナリティや行動、態度などの評価に適しています。

表５－１　相対評価，絶対評価，個人内評価の比較（橋本，1976；桜井，1997）

評価	評価基準	性格	結果の表し方	長所・短所
相対評価	所属する集団の成績分布	教育目標に対して間接的	1．順位 2．段階評定 3．パーセンタイル 4．偏差値	〈長所〉 ・主観が入りにくい ・評価基準に左右されない ・客観的で信頼性が高い 〈短所〉 ・目標への到達度を示さない ・指導法の確立に結びつかない ・個人の努力が見失われがち
絶対評価	教育目標達成の有無・程度	教育目標に対して直接的	1．合，否 2．素点（正当率） 3．段階評定 4．誤答分布	〈長所〉 ・個人の指導計画の決定，効果的指導法の確立に有効 〈短所〉 ・妥当な評価基準が決めにくい ・評価が主観的になる
個人内評価	同一人の他教科の成績，過去の成績		1．長所，短所 2．進歩の具合 3．プロフィール 4．成就値	〈長所〉 ・個人の動機づけを高めることができる ・個人差に基づく進歩・発達がわかる 〈短所〉 ・独善的解釈になる可能性が大

(2) 評価の「基準」による分類

どのような基準（判断の根拠）に基づいて評価をするか、という観点であり、この観点によると評価は次の三つに分類できます（表5－1参照）。

一つ目は、所属集団における相対的な位置を評価の基準とする「相対評価」です。子どもの所属集団には、全国の同一学年の母集団を代表とする標本集団（例えば、標準学力検査の場合）や、子どもが属するクラス・学年集団などがあります。そうした集団のなかでの順位や、五段階評定でどの段階にあるか（段階評定値）などによって評価の程度を表すことができます。この評価では、子どもが努力してよい成績を取ったとしても、集団内の多くの子どもが同じようによい成績を取った場合にはその子の相対的な位置は変わらないため、子どもの努力の程度が評価に反映されないという短所もあります。ただ、実社会ではこの評価がほとんどであることを承知している必要があります。

二つ目は、目標への到達の程度を評価の基準とする「絶対評価」（到達度評価）です。目標が明確で具体的であることが重要です。学校教育の場合、目標は基本的に努力すれば達成できる程度のものであるため、どの子でも高い評価を獲得することができます。

三つ目は、被評価者のなかに評価の基準をおく「個人内評価」です。この評価にはさらに「縦断的個人内評価」（進歩の評価）と、「横断的個人内評価」の二つが含まれています。縦断的個人内評価は、進歩の評価ともいわれるように、被評価者である子どもが以前と比べてどのくらい進歩したかをみる評価です。一方、横断的個人内評価とは、被評価者である子どもの得意教科や不得意教科など、その子の特徴をプロフィールなどで比較して行う評価です。「個性の評価」といえるかもしれません。

(3)評価の「時期」による分類

評価の「時期」とは、いつ評価をするのか、という観点で、次の三つに分類できます。

一つ目は、授業や単元の指導に先だって行う「診断的評価」（事前評価）です。この評価は、新たな単元や授業をはじめる前に、その時点での学習者である子どものレディネス（準備状態）を把握するために行う評価といえます。

二つ目は、授業や単元の途中で行う「形成的評価」（事中評価）です。この評価は、現在行っている授業が子どもにどの程度理解されているかを把握し、理解されていない場合には即時に授業の改善を行うことに役立つ評価といえます。

三つ目は、授業や単元の後や、学期末や学年末に、それまでの学習内容の習得状況をみる「総括的評価」（事後評価）です。当初の目標がどの程度達成されているかを明らかにし、その後の指導に生かすとともに、子どもの成績の決定や単位の認定に用います。

2　自ら学ぶ意欲を評価やフィードバックによって引き出すには

以上のような評価やそれに伴うフィードバック（称賛、激励、叱責、ご褒美の付与などを含む）によって、自ら学ぶ意欲を効果的に引き出し育てるためには、学習者である子どもの「被統制感」と、これまでにもよく登場してきた「学ぶおもしろさや楽しさ」「有能感」「充実感」に留意する必要があります。後者の三点についてはすでに第４章で説明しましたので、ここでは最初の「被統制感」について少し詳しく紹介します。

被統制感とは、他者（おもに教師や親）にコントロールされている、やらされているという気持ちのことです。これが強くなると自律性が損なわれ、基本的に自ら学ぶ意欲は低下するといわれます（櫻井、２０１７）。学ぶおもしろさや楽しさ、有能感、充実感は、自ら学ぶ意欲を高める効果がありますが、被統制感が強い場合にはその効果は微妙です。ポジティブな評価（成功）やそれに伴うフィードバック（称賛やご褒美の付与）も基本的に子どもの有能感を高めますが、被統制感が強い場合には、当該の課題に対する自ら学ぶ意欲（とくに内発的な学習意欲）は高まらないことが少なくありません。

そこで、適切な評価とフィードバックで自ら学ぶ意欲を引き出し、育てるポイントを二点まとめます。なお、以下のポイントは、よい成績を取った場合（成功したとき）のものです。悪い成績を取った場合（失敗したとき）には、子どもの自ら学ぶ意欲は基本的に低下します。小さな失敗の場合はそれが続かない限り、「次はがんばろう」などの激励のフィードバック程度で大丈夫でしょう。大きな失敗の場合は、落胆している気持ちを受容した後、失敗した原因を一緒に考え、次回に備え対策を立てる、などの対応が必要です。

(1)自律性を促す温かいフィードバックでやる気を引き出す

学校現場では他者（おもに教師）評価であることが多いため、子どもは教師による被統制感を感じやすい状況にあります。それゆえ、フィードバックは子どもの自律性を促す温かいものを心がけます。例えば、「よく努力したね、君の成績はすばらしいよ、これからも自分で計画し勉強するようにしようね」などのフィードバックがよいでしょう。また、子どもとの間に信頼関係を築いておき、被統制感の低減を図ることも大切です。

(2)学ぶおもしろさや楽しさ、有能感、充実感を抱くフィードバックでやる気を引き出す

(1)について気をつけたうえで、学ぶおもしろさや楽しさ、有能感、充実感を覚えるようなフィードバックをすることが重要です。成功したときに有能感が高まることは周知のこ

とですが、学ぶおもしろさや楽しさは形成的評価の場面などで、充実感は相互評価の場面などで、そのことに言及したフィードバックをすると高められます。例えば、学ぶおもしろさや楽しさについては「課題をしている最中、とても楽しそうにしていたけれど、どうだった？　楽しかったのなら次も楽しめるといいね」というようなフィードバックが考えられます。充実感については「グループ学習をしている間、A君のことをとても気遣って活動してくれたね。おかげでA君も君と同じくらいよくできたよ。次回もよろしくね」というようなフィードバックがよいでしょう。

(3)フィードバックがなくとも自ら学ぶ意欲が安定して高い子どもたちがいる

読者のみなさんにはもう一つ、知っておいてもらいたいことがあります。それは、以上のような被統制感や学ぶおもしろさや楽しさ、有能感、充実感について配慮したフィードバックをとくにしなくてもよい子どもたちがいる、ということです。自ら学ぶ意欲が安定して高い子どもたち（≒成績がいつもよい子どもたち）が該当します。私の研究（桜井、1990）や子どもとの面接結果から、彼らは、他者評価や相対評価によって生じやすいといわれる被統制感を感じることがきわめて少ないことがわかりました。反対に有能であるという成功経験が多く、学ぶおもしろさや楽しさ、充実感も覚えやすいのです。教師や親との間に信頼関係を形成しており、そしていつも成績がよいために自ら学ぶ意欲も高く安定している、という背景があります。こうした子どもたちは、極端な言い方をすれば、自己評価だけで自ら学ぶ意欲を高い水準で維持し続けることができるのです。生涯にわたり学習を続けられる力が備わっているといえるでしょう。たまにフィードバックをすることは必要ですが、見守る程度でほぼ大丈夫です。

次節以降では三種類の評価の観点に沿い、自ら学ぶ意欲を引き出し育てる評価とフィードバックについて、より具体的に説明します。なお、心理学における実証的な研究（櫻井、２００９など）では有能感を対象にしたものが多いため、ここでも有能感を代表に取り上げますが、学ぶおもしろさや楽しさ、充実感についてもほぼ同じことがいえます。

3　他者評価と自己評価と相互評価を用いるフィードバック

評価の「主体」という観点から、他者評価・自己評価・相互評価におけるフィードバックについてそれぞれ説明します。なお、自己評価はおおむね小学校高学年くらいにならないとうまく機能しないと考えられていますので、ご注意ください。

また他者評価を取り上げているので、授業場面における教師のフィードバックや、親が試験結果や通知表を見たときのフィードバックについても、簡単にまとめます。

⑴教師による他者評価の場合のフィードバック

他者評価（おもに教師による評価）では、子どもに被統制感を覚えさせる可能性が高いので、そうした気持ちを低減するフィードバックが必要です（前節の例を参照してください）。さらに、教師は日々の努力目標として、子どもと信頼関係を築くことを意識しましょう。信頼関係により被統制感はだいぶ低減されます。なお、小学校低学年くらいまでは認知発達が十分ではないため、教師からの被統制感を感じないことも多く、その場合には被統制感のことはあまり考慮しなくて大丈夫です。よくできたことを褒めてあげましょう。教師と子どもの間に信頼関係があれば、よい成績が取れた（成功した）とき、教師が褒めることで（見守るだけでも大丈夫なことも多いです）子どもの自ら学ぶ意欲が高まることが期待できます。万が一高まらなくても、低下することはありません。

失敗した場合は、自ら学ぶ意欲は一時的に低下しますが、失敗が続かなければあまり心配はいりません。「次はがんばろうね」くらいのフィードバックで大丈夫です。失敗が続く場合や大きな失敗の場合は、原因を一緒に考えるなどの対応が必要になります。

⑵子どもの自己評価の場合のフィードバック

子どもによる自己評価は子どもの自ら学ぶ意欲を高めますが、それは成績がよい（成功）と判断した場合に限ります。また小学生の場合にはまだ自己評価能力が十分ではないため、自ら学ぶ意欲を高める効果はそれほど大きくありません。それゆえ、教師は子どもの判断を確認し、よくできた場合にはできるだけ褒めてあげましょう。子ども自身が失敗と判断した場合は、その判断を慎重に検討します。必要以上に厳しい判断であれば「このくらいなら成功に近いよ、大丈夫だよ」とのフィードバックでその後のがんばりにつなげ、適正な判断であれば、今後はさらにがんばるよう激励することが大事でしょう。

⑶相互評価の場合のフィードバック

信頼できる級友との相互評価であれば、よくできている（成功）との評価は子どもの自ら学ぶ意欲を高め、よくできていない（失敗）との評価はそれを低める可能性が高いと思われます（私が知る限り、相互評価についての実証的な研究がほとんどないため、これは予想の域を出ません）。また、相互評価の場合には他者の行いを見てその出来栄えを客観的に判断しますが、フィードバックするときにはその子の立場になって行うため（例えば、「〇〇ちゃん、結果はそれほどよくないけれど、とてもがんばったよね、私も一緒にがんばれてすごくうれしいわ」）、評価する立場の子どもにとっては向社会的欲求が充足され充実感も高まることが予想されます。

⑷授業場面での教師のフィードバック

授業場面における教師のフィードバックとは、作品や課題・授業中の発表を褒めたり、コメントを与えたり、熟考や再度の挑戦を促したりすることです。いずれも他者（教師の）評価に基づくもので、教師の指導による授業のもとでのフィードバックでもあるため、子どもは被統制感を感じやすいです。また、級友がそばにいることから、子どもにとって緊張感もあります。したがってネガティブなフィードバックをするときには、できるだけ柔らかな表現にすること、よいところは先にしっかり認め（褒め）ること、修正や再考を促すところは「その後に」つながるようにすること、が望ましいです。「終わりよければすべてよし」というよりも「はじめよければすべてよし」で、はじめに認められ褒められて気持ちがよくなると、多少の叱責はうまく受容できます。

これは生徒にフィードバックする際に、私も活用しています。生徒にとってネガティブな意見（改善点の指摘など）を受容できるというメリットがあるとともに、指摘をする私にとっても、生徒からネガティブな印象をもたれにくいというメリットがあります。

⑸通知表を見たときの親のフィードバック

親が試験結果や通知表についてフィードバックするときは、先の教師同様、よい点は褒め、その後に悪い点に触れるようにします。悪い結果の理由をしっかり聞き、その内容によって慰めたり、励ましたり、ときには叱ることも、意欲を引き出し育てるためには必要です。サボったり、十分な努力をしなかったりして悪い点を取ったことは子ども本人がよく承知しているはずなので、事情をしっかり把握したうえで叱ることは有効ですし、子どもの心に響くために意欲が低下することはないものと考えられます。

4　絶対評価と相対評価と個人内評価を用いるフィードバック

評価の「基準」という観点から、絶対評価、相対評価、個人内評価におけるフィードバックについてそれぞれ説明します。

⑴成功事態におけるフィードバック

絶対評価では、目標が達成できれば自ら学ぶ意欲を高める方向に向かうため、「よくがんばりましたね」というようなフィードバックをすればよいでしょう。小学校高学年以上の子どもの場合には自己評価能力が発達してきているので、教師がフィードバックをする必要はあまりないかもしれませんが、小学校低学年の子どもの場合にはできるだけ声をかけてあげるほうが有能感は高まります。

相対評価では、上位の成績が取れれば、絶対評価より有能感が高まりやすいです。そのため自ら学ぶ意欲も高まるはずなのですが、相対評価につきものの競争により被統制感を強く感じる子どもの場合、反対に低下してしまう可能性もあります。競争に対して子ども自身に自発的に臨んでいるという認知が働けば、被統制感は弱められます。例えば、「君は積極的にこの競争に参加して、とてもよい成績を取ったのだから、自信をもっていいよ。次もがんばろう！」というようなフィードバックはいかがでしょうか。

個人内評価は、自分の進歩やよさを評価するもので、自ら学ぶ意欲を高めることが期待されます。教師は積極的にその子の優れている点や進歩した点をフィードバックしてあげることが重要です。とくに通知表ではこのようなフィードバックが不可欠でしょう。

⑵ 失敗事態におけるフィードバック

絶対評価でも相対評価でも、失敗事態では基本的に有能感が低下し、自ら学ぶ意欲は一時的であっても低下するものと考えられます。低下を最小限に抑えるためには、絶対評価では「もう少し時間があったらできたと思うよ。焦らずに再度トライしてみよう」というようなフィードバックを、相対評価では「この教科、君は苦手かな？　それならこのくらいでも仕方ないかも？　得意な教科ではきっとよい成績が取れるからがんばろうよ！」というようなフィードバックをしてはいかがでしょうか。

⑶絶対評価の功罪

現在の学校教育では絶対評価が主ですが、一般社会では相対評価が主となります。一般社会では適材適所、その人の能力に応じて仕事や地位が決まり、相対評価が重視されるのです。企業では利益を最大にするために、マンパワーを最大限発揮させる必要があります。また、一般社会でなくとも、公立の学校システムにおける高校受験などは、相対評価を基本としています。募集人数があるわけですから、競争が生じ、相対評価となるわけです。こうした事情から、少なくとも高校受験前までに、相対評価によって自分の相対的な位置を知っておくことは必要であるように思います。個人的な考えですが、学校教育でもある程度の相対評価を取り入れた柔軟な評価が必要ではないでしょうか。

そこで、原則は絶対評価を取り入れながら、例えば得意教科では相対評価でよい成績を取る、という目標ももって学習に励んでもらい、子どもが望めば相対評価の結果も教えるという方法がよいのではないかと思います。得意教科は基本的によい点が取れる教科なので、相対評価であっても「自ら挑んでいく」という姿勢になり、被統制感は高くならないと予想されます。そして、相対評価によってよい結果がもたらされれば、少なくともその教科に対する自ら学ぶ意欲は格段に高まることが期待できるでしょう。

また、中学生以上で自己理解が深まれば、教科に得意・不得意があることは自明になります。そのことが十分に理解されていれば、すべての教科で相対評価を行ったとしても、大人が予想するほどネガティブな影響は出ないように思われます。

5　診断的評価と形成的評価と総括的評価を用いるフィードバック

評価の「時期」という観点からは、診断的評価、形成的評価、総括的評価におけるフィードバックを説明します。ただし、こうした観点に基づく研究は私が知る限りほとんどないため、個人的な経験に基づく考えとして受け取っていただけると幸いです。

診断的評価や形成的評価は、子どもがよい成績を取る（有能感を得る）ために、あるいは学ぶことがおもしろかったり楽しかったりするために、さらには学ぶことによって充実感を得るために、重要な情報を与える評価です。指導の前や途中で、このような点について評価をし、結果を子どもに即座にフィードバックすれば、子どもはそれに基づいてさらに学びを深めることができます。その意味で、診断的評価や形成的評価は自ら学ぶ意欲を高めるためのベースになる評価と位置づけることができるでしょう。

総括的評価は、結果的によい評価（成功）であれば、その単元や教科に対する有能感を高め、場合によっては学ぶおもしろさや楽しさ、学ぶことによる充実感も高めることになるでしょう。適切な総括的評価のためには、標準学力検査（例えば、図書文化社のＣＲＴ）はとくに有効と考えます。標準学力検査はもちろん、診断的評価でも使用できます。こうした検査は、フィードバックの仕方も丁寧に説明されているため重宝します。

６　学習指導要領における「主体的に学習に取り組む態度」の評価とその用い方

２０１７年改訂の学習指導要領における観点別の評価では、従来の四観点から三観点に数が変わりました。「知識・技能」「思考力・判断力・表現力」「主体的に学習に取り組む態度」の三つです。最後の「主体的に学習に取り組む態度」は、本書のテーマでもあるやる気、より具体的にいえば「自ら学ぶ意欲」と直接関係する観点といえます。

今回改訂の学習指導要領に基づく指導要録では、「主体的に学習に取り組む態度」について、①粘り強く努力すること、②学習過程を自己調整すること、に重点を置いて評価することが望ましいとされています。この二点は自ら学ぶ意欲のとらえ方や自ら学ぶ意欲のプロセスモデル（第2章参照）でも強調されており、適切な提案であると判断されます。しかし私としてはこの観点別評価を指導に生かすためには、もう少し体系的な視点で評価し、その結果を親や子どもにフィードバックすることが必要であると考えています。

例えば、図書文化社の標準学力検査（ＣＲＴ）では、近年の動機づけ理論に基づき、①自己効力感と②三種類のエンゲージメント（認知的、感情的、行動的エンゲージメント）によって「主体的に学習に取り組む態度」を体系的にとらえて測定しており、教師に有意義な情報を提供してくれます。この情報と教師による子どもの観察結果などを総合すれば、子どもの「主体的に学習に取り組む態度」を向上させ「主体的・対話的で深い学び」を実現できる適切なフィードバックを、子ども自身と親に行えるのではないでしょうか。さらに総括的評価として指導要録などへの記載もスムーズにできることが期待できます。

■第5章のおさらい

適切な評価とフィードバックで、自ら学ぶ意欲を引き出し育てる方法をまとめました。

最初に三種類の観点に基づき評価を分類しました。評価の「主体」による分類（他者評価、自己評価、相互評価）、評価の「基準」による分類（絶対評価、相対評価、個人内評価）、評価の「時期」による分類（診断的評価、形成的評価、総括的評価）の三つです。

次にフィードバックについて、小さい単発の失敗場面には「次はがんばろう」程度の軽い激励が、大きな失敗や連続して起こる失敗場面には落胆した気持ちを受け止め、原因を考え対策を講じる対応が望ましいとされました。成功場面では、被統制感を減じることと学ぶおもしろさや楽しさ、有能感、充実感を高めることが重要と指摘されました。

最後に、自ら学ぶ意欲と直接関連する評価であるため、２０１７年改訂の学習指導要領における観点別評価の一つ「主体的に学習に取り組む態度」について考えました。

■引用文献
橋本重治（１９７６）『新・教育評価法総説　上』金子書房
小野瀬雅人（２０１７）「第６章　教育評価を指導に生かす」櫻井茂男編著『改訂版　たのしく学べる最新教育心理学』図書文化社、九七〜一二〇頁
桜井茂男（１９９０）『内発的動機づけのメカニズム』風間書房
桜井茂男（１９９７）『学習意欲の心理学』誠信書房
櫻井茂男（２００９）『自ら学ぶ意欲の心理学』有斐閣
櫻井茂男（２０１７）『自律的な学習意欲の心理学』誠信書房

■コラム5　職場における自律性支援とやる気ならびに健康

みなさんは，職場や家庭で，自身の仕事を意欲的に行えていますか。学習場面における自律性の援助が，学習者の自ら学ぶ意欲（自律的な学習意欲）を喚起することはよく知られています（例えば，櫻井，2009）。しかし，職場や家庭での仕事についてはどうでしょうか。ここでは，職場に焦点を絞り，職場での仕事に対する自律性支援が，仕事に対する自ら働く意欲や健康（とくに精神的な健康）とどのような関係にあるかを，代表的な研究を紹介して説明します。

オティスとペレティア（Ostis & Pelletiar, 2005）は，カナダ・ケベック州の警察官140名（男性117名，女性23名）を対象に郵送法による調査を行いました。調査内容は，上司の対人行動（どの程度部下〈調査協力者〉の自律性支援をしているか），就業動機の自律性の程度，日常的なストレスの程度，身体の不調，仕事の継続意図などです。

分析の結果，上司の自律性支援を高く評価した調査協力者は，警察官の仕事を自律的に行い，ストレスが低く，仕事を継続する意図も高くあらわれました。１回の調査なので因果関係は推定するしかないのですが，上司による自律性支援は功を奏すようで，調査協力者がその支援を高く評価した場合，自律的に仕事にかかわり，結果として精神的に健康で，仕事の継続意図も高いと解釈できます。

おそらく，日本でも同様のことがいえると想像されます。仕事で自律性を支援されることによって仕事に自律的に取り組むことができ，精神的にも健康であれば，家庭での仕事や子どもへのかかわりにおいても自律的に取り組めたり，自律性を支援したりできるのではないでしょうか。また，子どもが自律的に仕事をしている親の姿をみれば，それをモデルにしてがんばることも期待できます。

■参考文献

Ostis, N., & Pelletiar, L.G.（2005）A motivational model of daily hassles, physical symptoms, and future work intentions among police officers. Journal of Applied Social Psychology, 35, 2193-2214.

櫻井茂男（2009）『自ら学ぶ意欲の心理学』有斐閣

第6章　自己調整能力を育ててやる気を引き出す

メタ認知能力の発達により、小学校高学年のころから、学習において自己調整することが可能になります。学習過程で自己調整方略などをうまく使い、効果的に学習を進められるようになるわけです。自己調整学習ができるということは、自律的に学習を進められるということで、自ら学ぶ意欲を引き出し育てることにつながります。自己調整学習については第１章で説明したので、本章では第２章の「自ら学ぶ意欲のプロセスモデル」に沿って、自己調整能力（メタ認知能力）を育て自ら学ぶ意欲を高める方法について、具体例を交えて説明します。

1　学習におけるメタ認知とは

学習におけるメタ認知とは、自分の学習がどの程度うまく進んでいるかをモニター（監視）し、うまく進むように自分でコントロール（調整）することです。うまく進んでいる場合はそのまま続ければよいのですが、うまく進んでいない場合には、原因を調べ、調整する必要があります。原因に多いのは、学習の計画が適切でない、学習のやり方が適切でない、やる気がうまく発揮できない、などの自己調整学習方略に関連したものです。

こうした問題に自ら対処して学習をうまく進められるようになれば、メタ認知能力（自己調整能力）が高いといわれます。メタ認知能力が十分に発揮されれば、学習者としては自律的に学習を進められるようになり、当然、自ら学ぶ意欲を醸成し発揮できるようになります。これは生涯学習時代である現在において、すばらしいことだと思います。

こうした能力は小学校高学年のころから発現するので、小学校中学年のころから使い方を習得し、効果的に用いるよう指導することが大事です。後の節で詳しく説明します。

2　自己調整学習方略とは

自己調整学習は、**図1－4**に示される三つの段階（①予見の段階、②遂行の段階、③内省の段階）で構成されます。学習過程はこの順序で進行し、さらなる学習が必要な場合にもこの順序で循環し、より長期の学習に対応できます。

また各段階では、自己調整学習方略（**表1－1**）を効果的に使用することが重要です。そうすることで当初の学習目標を上首尾に達成することができます。本節ではこの自己調整学習方略を少し詳しく説明します（次節では「自ら学ぶ意欲のプロセスモデル」において、自己調整学習方略がどのように用いられるのか具体的にみていきます）。

自己調整学習方略とは、学習を効果的に進めるために、個人内の認知過程、学習行動、学習環境を自己調整する方略（Zimmermann, 1989）とされていましたが、近年この定義に個人内の情意過程（おもに動機づけや感情）の自己調整が加わり拡張されました。そして現在では、**表1－1**にあるように、大きく三つに分けてとらえられています。

まず「認知的方略」とは、記憶をする際に「リハーサル」を行ったり、理解が促進されるように情報を「体制化」したりし、自己の認知（記憶や思考）過程を中心に効果的な学習を促す方略です。これは文字通り「認知的」な方略ですが、学習過程で適宜使用するにはメタ認知（モニタリングや調整といったメタ認知的方略）の働きが必要です。

次の「メタ認知的方略」とは、学習の計画を立て（プランニング）、学習過程をモニターする（モニタリング）など、メタ認知的能力に基づく自己調整によって学習行動の効率化を図る方略です。自己調整学習のなかでは、中心的な役割を果たす方略といえます。

最後の「リソース管理方略」とは、内的リソース（感情や動機づけの情意過程）を調整したり、外的リソース（他者や学習環境）を積極的に用いたりすることによって効果的な学習を促す方略です（Pintrich & De Groot, 1990）。気分転換をしたり、課題がおもしろくなるように工夫して動機づけを高めたりするような方略（内的リソースに関する方略）や、級友や教師に援助要請をしたり、学習に取り組みやすくなるように環境を整えたりするような方略（外的リソースに関する方略）がこれに当たります。

リソース管理方略のうち、動機づけを調整する方略（動機づけ調整方略）は、自ら学ぶ意欲を高めたり維持したりするのに重要な方略であると考えられます。具体的には、①課題を自分にとっておもしろくなるように工夫することでやる気を高める方略（内発的な動機づけ調整方略）、②学習の後に報酬（ご褒美など）を用意してやる気を高める方略（外発的な動機づけ調整方略）、③よい成績を取ることを考えてやる気を高める方略（外発的な動機づけ調整方略）などが知られていますが、自ら学ぶ意欲を高めたり維持したり、さらには目標に向かって粘り強く努力したりするには、①の内発的な動機づけ調整方略が最も有効であるという結果が報告されています（伊藤・神藤、２００３ａ・梅本・田中、２０１２・梅本、２０１３）。なお、**表６-１**（153頁）には伊藤・神藤（２００３ｂ）による中学生を対象にした動機づけ調整方略のリストを示しましたので、参考にしてください。

3　自ら学ぶ意欲のプロセスモデルと自己調整学習の三段階との対応

自己調整学習方略の説明が終わったので、自ら学ぶ意欲のプロセスモデル（**図2－3**）に自己調整学習（**図1－4**）のエッセンスがどう組み込まれているか、順次説明します。自己調整学習方略の利用の仕方がポイントなので、**表1－1**と**表6－1**もご参照ください。

(1)予見の段階について

予見の段階（**図1－4参照**）では、目標（長期・短期）の設定と学習のプランニングがおもに行われます。これらはメタ認知的な学習方略やリソース管理方略によって実行されます。予見の段階は、自ら学ぶ意欲のプロセスモデル（**図2－3参照**）においては「欲求・動機」とその後の「見通し」の段階に当たります。

外部からの情報（おもに教育）や子どもの内部にある既存の情報（知識）が、知的好奇心、有能さへの欲求、向社会的欲求、場合によっては自己実現の欲求を刺激して具体的な「動機（やる気）」が形成されます（欲求・動機の段階）。この動機に含まれる目標を確認し、それが適切であるかどうか判断し、適切であればそれに見合った学習計画を立てる

（プランニング）のがこの段階です。自己実現の欲求によりもたらされるのは将来を展望した長期的な動機であり、含まれるのは人生・将来目標（例えば、理科の教師になること）であるため、個々の授業や学習場面ではその目標から派生する具体的な目標（例えば、今日の理科の授業で「テコの原理」を理解すること）がここでいう目標に当たります。

学習のプランニングでは、学習目標を達成するため、学習の仕方や学習（認知的）方略を選択することになります。これからの学習過程を予想し、どのような順序・方法で学習を進めるかを計画します。時間管理や環境構成も大事です。小

表６－１　自己動機づけ方略のリスト

（伊藤・神藤，2003bをもとに伊藤，2012が作成）

上位カテゴリー	下位カテゴリー	方略の内容
内発的調整方略	整理方略	ノートのまとめ方，部屋や机などの環境を整えることで動機づけを調整する。
	想像方略	将来のことを考えたり，積極的な思考をしたりすることで動機づけを高める。
	めりはり方略	学習時間の区切りをうまくつけて集中力を高める。
	内容方略	学習内容を身近なこと，よく知っていることや興味のあることと関係づける。
	社会的方略	友だちとともに学習をしたり相談をしたりすることで自らを動機づける。
外発的調整方略	負担軽減方略	得意なところや簡単なところをしたり，飽きたら別のことをしたり，休憩をしたりするなど，負担の軽減を図る。
	報酬方略	飲食や親からのごほうび，すなわち，外的な報酬によって学習へのやる気を高める。

学校段階では教師による指導や助言が必要になる場合も多いと思われます。

この段階では「がんばれば目標が達成できるだろう」という「自己効力感」をもったり、動機を持続させるために学習そのものへの「興味」を抱いたり、学習することが自分にとって大事であるという「価値」を意識したりすることも重要です。こうした要素が整えば、見通しの段階（予見の段階）はクリアになります。もちろん現実的な授業場面では、すべてが整って学習行動が開始されるということは多くはないでしょう。しかしどんな場合にも、目標の点検とプランニング、そして自己効力感（意欲づけ）は必要不可欠です。

では、この「欲求・動機」の段階と「見通し」の段階について例を挙げて説明します。

A君は理科の授業で、テコの原理についての教師の話に興味をもちました（外部からの情報による知的好奇心の喚起）。同じ気持ちのBさんと協力して、実験でテコの原理を確かめたいとの提案をしたところ、級友の賛同と教師の同意も得られ、グループ学習として実験をすることになりました。A君はBさんならびにC君と同じグループになり、3人で、どのような手順で実験をするのか、どのような道具を使えばよいのかなど、教科書やインターネットで調べ計画を立てました（プランニング：ピア・ラーニングを含む）。自分たちだけでは不安な部分があったため、教師とも相談し（援助要請）、どのような場合にもテコの原理が成り立つのかどうか、いろいろな場合を設定して実験をすることにしました。

⑵遂行の段階について

遂行の段階（**図1－4**参照）では、実際の学習行動が展開されます。できるだけ効果的に学習するために、**表1－1**に示されている自己調整学習方略を巧みに用いることが必要です。遂行の段階は、自ら学ぶ意欲のプロセスモデルでは「学習活動」の段階に当たります。

見通しの段階（予見の段階）で作成された学習計画（プランニング）により、学習の仕方（学習の順序や認知的方略の使用など）はほぼ決定されているので、それに従って遂行します。ただ、随時モニタリング（メタ認知的方略）によって学習状況を点検し、学習の進行状況次第では学習の仕方を調整して別の認知的方略を使用したり、やる気が低下しているような場合には休憩を入れたり、気分転換をしたり、自分を鼓舞したり（自己教示）します。それでもやる気が喚起されない場合は、教師に相談したり（援助要請）、級友と一緒に学んだり（ピア・ラーニング）することで、自律的で効果的な学習を進められます。

図2－3に掲載されている学習活動は多岐に渡っていますが、見通しの段階で必要な学習

行動はほぼ選択されているはずなので、それに基づいて学習は進みます。しかし、実際の学習場面ではモニタリングによってさらに必要な学習活動も見出されることがあるため、その際には適宜学習活動自体の調整も求められます。これこそ自己調整学習の真骨頂です。

学習活動が長引きそうな場合、動機づけ調整方略をうまく使って、適宜やる気を喚起する必要があります。そうすることで自ら学ぶ意欲を持続させられます。子どもの場合は、**表6－1**に示されている「内発的調整方略」の使用が望ましいと考えられています。

それでは、先の例に基づいて「学習活動」の段階を説明しましょう。


A君、Bさん、C君の三人は協同して実験を進めました（学習活動：協同学習）。途中でBさんが、テコの原理が成り立たないのではないかと思える新たなケースを思いついたので（批判的思考、モニタリング）、グループのメンバー（ピア・ラーニング）や教師と相談し（援助要請）、そのケースも実験で確かめることにしました。追加の実験をしたため、実験全体は授業時間内で終わりませんでした。そこで教師に頼み、放課後に実験を続けることにし、実際その通りにできました（時間管理、調整）。C君は少々やる気をなくしてしまいましたが、がんばれると自分にいい聞かせたり（自己教示）、休憩を入れたりして（気分の調整）、放課後の実験に意欲的に取り組めました。また最後に、これですべての実験は大丈夫かどうかを確認しました（モニタリング）。次の授業では、グループを代表してA君が実験の結果を発表し、いずれの場合にもテコの原理が成り立つことを報告しました。ほかのグループも発表しましたが、成り立たないことがあるという発表もあり、みんなで討論し、教師が新たな（確認の）実験をして、いずれの場合にもテコの原理は成り立つことが実証されました。

(3) 内省の段階について

内省の段階（図1－4参照）では、これまでの学習過程を振り返り（自己評価）、おもにその学習結果（成功・失敗）に対して原因を探究し（原因帰属）、その後の学習に向けて意欲を喚起・持続させたり、学習の仕方などの見直しを行ったりします。これらはおもにメタ認知的な学習方略により行われます。内省の段階は、自ら学ぶ意欲のプロセスモデルでは「振り返り（自己評価）」とその後の「認知・感情」の段階に当たります。

学習活動が一段落し、目標が達成されたという結果（成功事態）になると望ましいですが、目標が達成されないという結果（失敗事態）になることもあります。学習活動が自分にとって大事なものであった場合、結果（成功・失敗）をもたらした原因が探索されます。

成功の原因が自分の努力や能力に帰属されると有能感や自己効力感を覚え、失敗の原因が自分の能力に帰属されると無能感や無力感を覚えることになります。さらに、成功により人生・将来目標の達成へ近づいていることが実感された場合には充実感（失敗の場合は空虚感）を感じます。また失敗・成功いずれの場合でも、学習過程で学習のおもしろさや楽しさを感じることもあります。こうした感情はおもに有能さへの欲求、向社会的欲求、知的好奇心といった欲求にフィードバックされ、次の動機の形成に影響を与えます。

また、失敗により無能感や無力感を覚えた場合には、自己強化能力（メタ認知能力の一つとされます）で、自分を激励することも大事です。もちろん成功の場合には、自分を褒めることも大事でしょう。こうして意欲を持続し低下しないようにすることもこの段階で必要なことです。さらに、成功・失敗という結果は直接、「見通し」の段階にフィードバックされ、見通しを変更して新たな学習活動が展開されることもありますし、「欲求・動機」の段階にフィードバックされ、新たな動機が形成されることもあります。

先の例に基づき「振り返り（自己評価）」と「認知・感情」の段階を説明します。

> グループの発表やさらなる実験と教師のまとめによって、テコの原理がいずれの場合にも成

り立つことがわかりました。続いて、A君をはじめ子どもたちは、これまでの授業を振り返り（自己評価）、実験で工夫したこと、わかったこと、感じたこと、よかったことなどをプリントに書き留めました。そうすることで、A君は、学ぶこと（実験すること）のおもしろさや楽しさ、自分でも結構できるという有能感、次もがんばれるという自己効力感、みんなで協力したことによってすばらしい実験ができたという充実感、などを感じることができました。その後、A君は実生活でテコの原理がどのように使われているのかに興味をもち、さらに調べてみたいと思いました（意欲の持続➡「欲求・動機」の段階へ）。

自己調整学習の三つの段階が、自ら学ぶ意欲のプロセスモデルに生かされていることを確認できたと思います。実際の授業では教師から目標が提示されることも多いですが、可能な限り子ども自身が、目標達成を自分にとって大事だととらえること、自分の興味と関連づけて与えられた目標を自律的に達成できるよう学ぶことが望ましいと思います。

4　自己調整学習をうまく進められるようにするには

小学校高学年ごろには、メタ認知能力が発達し、自己調整学習をベースに自ら学ぶ意欲による学習過程もうまく働きます。自己調整学習方略はそう簡単に習得されるものではありませんが、習得を促進する教育は可能であると思われます。いくつか紹介します。

(1)モデルを見せて育てる

小学校中学年ごろから、授業の一貫として、まずはわかりやすく自己調整学習過程について教えることが必要であると思います。その際、上手に自己調整学習をしている子どもの様子を見せ、モデリングさせることができれば、自己調整学習の理解・習得は促進されるものと期待されます。すでに自己調整学習がうまくできているクラスの授業風景をビデオなどに録画して、それを見せるという方法もよいでしょう（そうしたビデオが市販されているのであれば、それも可）。実際の授業風景を観察させるという方法も考えられますが、実際の授業では自己調整学習がうまく運ばないこともある点に注意が必要です。

(2)自己調整学習方略を教えて育てる

表1－1や表6－1で自己調整学習方略を説明しましたが、より具体的な資料を作成して子どもに提示し、授業で実際にそれを使ってみるという方法もよいと思います。こうした方略は知らないと使えません。使えれば、自分のレパートリーに加わります。

中学生や高校生は、こうした方略を巧みに使用するとともに、自分に適した方略を見出

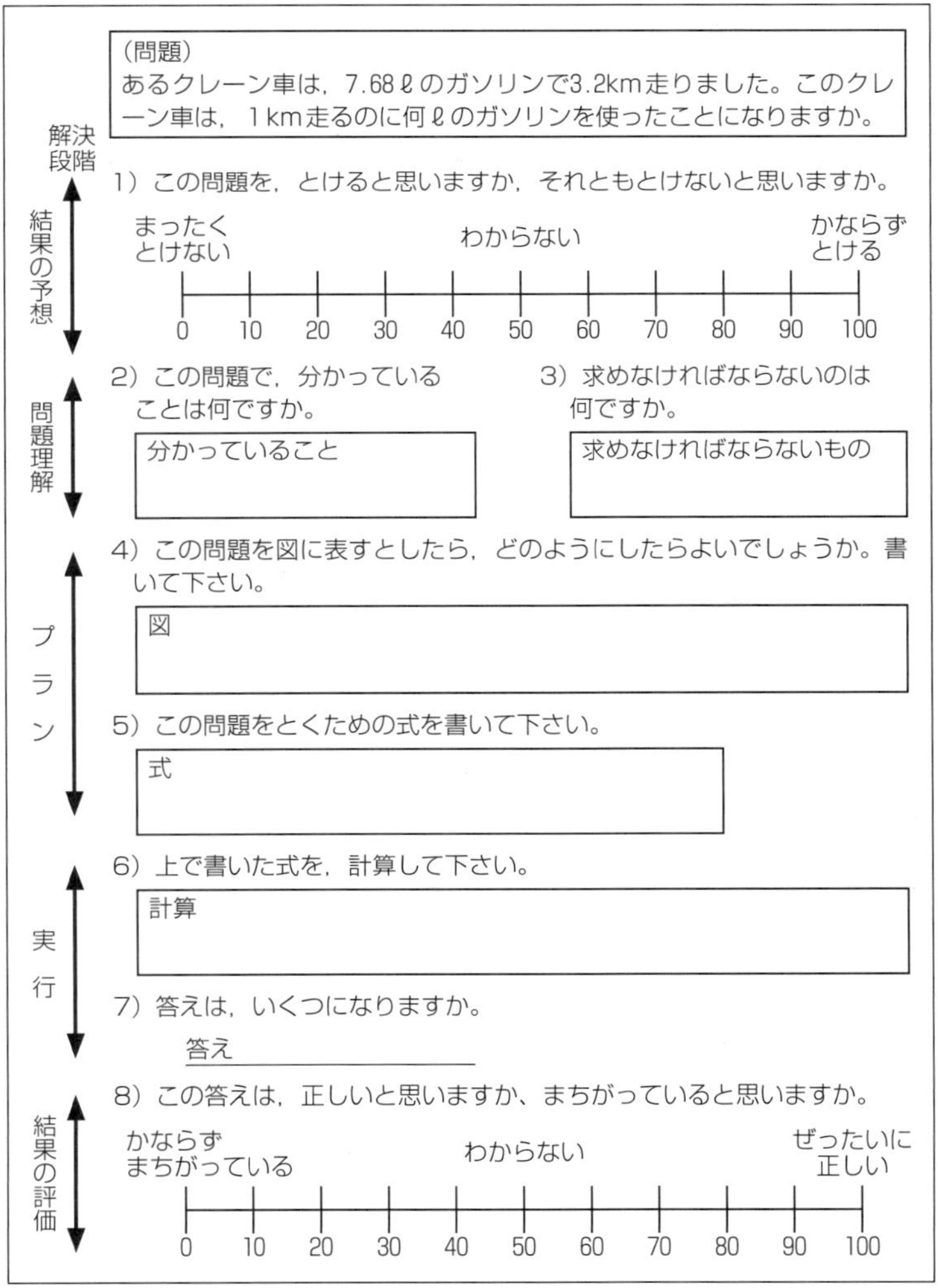

（問題）
あるクレーン車は，7.68ℓのガソリンで3.2km走りました。このクレーン車は，１km走るのに何ℓのガソリンを使ったことになりますか。

解決段階

結果の予想

1）この問題を，とけると思いますか，それともとけないと思いますか。

まったく とけない　　わからない　　かならず とける

0　10　20　30　40　50　60　70　80　90　100

問題理解

2）この問題で，分かっていることは何ですか。

分かっていること

3）求めなければならないのは何ですか。

求めなければならないもの

プラン

4）この問題を図に表すとしたら，どのようにしたらよいでしょうか。書いて下さい。

図

5）この問題をとくための式を書いて下さい。

式

実行

6）上で書いた式を，計算して下さい。

計算

7）答えは，いくつになりますか。

答え ＿＿＿＿＿＿＿＿

結果の評価

8）この答えは，正しいと思いますか、まちがっていると思いますか。

かならず まちがっている　　わからない　　ぜったいに 正しい

0　10　20　30　40　50　60　70　80　90　100

図６－１　文章題のワークシートの例（岡本，1999）

すようにもなります。例えば自分はテキストを読んで覚えるのが得意か、それとも書いて覚えるのが得意か、という点がわかれば、独自のスタイルとして認知的方略が使えます。まずはいつもの方略から順に試し、うまくいかないときは別の方略を使うなど、方略の利用がうまくなるのです。こうなると学習のさらなる効率化が期待できます。

(3)「見通し」や「振り返り」のためのプリントを利用して育てる

自己調整学習で最終的に重要なのは、効果的な学習活動です。しかしその実現のために必要なのは、その前後に位置する「見通し」（予見）と「振り返り」（内省）の段階だと考えます。この二つの段階がしっかりしていれば、学習活動は70％がうまくいくとみて大丈夫です。そのため、授業前に見通しと振り返りを含むプリントを作成しておき、授業で実施することで、自己調整学習の過程を理解させることも重要かと思います。図6－1（161頁）は見通しと振り返りを含むプリントの例です。参考にしてください。

■第6章のおさらい

メタ認知（自己調整）とは、学習場面に限定すれば、自分の学習がどの程度うまく進んでいるかをモニター（監視）し、うまく進んでいない場合には自分でコントロール

（調整）することです。こうした能力を利用して自ら学ぶ意欲を引き出し育てるには、第2章で提案した「自ら学ぶ意欲のプロセスモデル」にこの自己調整がどのように組み込まれているのかを理解し、実際の学習場面でそれを生かす指導をすることが重要です。

本章では自己調整学習の三段階を復習し、一連の学習過程を支える「自己調整学習方略」を詳しく説明した後、自ら学ぶ意欲のプロセスモデルに方略がどのように活用されているかまとめ、さらにメタ認知（自己調整）能力を育てる方法も三点紹介しました。

■引用文献

遠藤志乃・中谷素之（２０１７）「中学生における動機づけ調整方略と達成目標および学習習慣との関連」心理学研究、八八（二）、一七〇～一七六頁
伊藤崇達・神藤貴昭（２００３ａ）「自己効力感、不安、自己調整学習方略、学習の持続性に関する因果モデルの検証―認知的側面と動機づけ的側面の自己調整学習方略に着目して」日本教育工学雑誌、二七、三七七～三八五頁
伊藤崇達・神藤貴昭（２００３ｂ）「中学生用自己動機づけ方略尺度の作成」心理学研究、七四、二〇九～二一七頁
伊藤崇達（２０１２）「自己調整学習方略とメタ認知」自己調整学習研究会編『自己調整学習』北大路書房、三一～五三頁
岡本真彦（１９９９）『算数文章題の解決におけるメタ認知の研究』風間書房
Pintrich, P.R., & De Groot, E.V. (1990) Motivational and self-regulated learning components of classroom academic performance. *Journal of Educational psychology*, **82**, 33-40.
梅本貴豊・田中健史朗（２０１２）「大学生における動機づけ調整方略」パーソナリティ研究、一二八～一五一頁
梅本貴豊（２０１３）「メタ認知的方略、動機づけ調整方略が認知的方略、学習の持続性に与える影響」日本教育工学会論文誌、三七、七九～八七頁
Zimmermann, B.J. (1989) A social cognitive view of self-regulated academic learning. *Journal of Educational Psychology*, **81**, 329.

最後に認知的エンゲージメントですが，「ものごとを深く理解しよう，ハイレベルの技能を身につけようといった意図をもち，自分の学習活動についてきちんと計画し，モニターし，自己評価するような問題解決プロセスとして取り組んでいるか」とうことで，この要素の代表は「意図（学習の目的）」と「自己調整」です。「意図」とは，学習する目的や目標を意識して積極的に学んでいること，さらには自己実現を意識して（自分らしく生きるために）意欲的に学んでいることです。「自己調整」とは，自己調整学習方略（認知的方略である「精緻化」や，メタ認知方略である「プランニング」など）を効果的に利用して学んでいること，うまく学べないときは自分の学習活動をモニターし学習のやり方を調整して学んでいることです。

授業場面を例にすれば，目的や目標をもって授業を受けている，自分の就きたい仕事を意識して学んでいる，さらに学ぶときは自分が何をしたいのかを考えてからはじめている（プランニング），学校で勉強をするときにはすでに知っていることと関連づけて覚えようとしている（精緻化），うまく学べないときにはその学習方法がよいかどうか考えてやっている，といった状態でしょう。

ところで，こうした学習におけるエンゲージメントは，2017年改訂の学習指導要領における「主体的に学習に取り組む態度」を，認知・感情・行動の三側面から「多面的に」とらえることができる新しい概念であり，今後の理論的・実証的な研究の発展も期待されています。さらに「主体的・対話的で深い学び」の実現にもこの概念の活用は有効であると思われます。

最後に一言。質の高い学習成果の実現には，学習におけるエンゲージメントとともに，「やればできる」という効力感も不可欠です。エンゲージメントと効力感は「やる気の両輪」のようなものであり，効力感育成の視点も大切にしてほしいと思います。

■参考文献

櫻井茂男（2018）「エンゲージメントを大切にする」児童心理（7月号），72，792−797.

■コラム6　学習におけるエンゲージメントとは

学習におけるエンゲージメント（櫻井，2018）とは，簡単にいえば「学習活動への積極的な取組み」です。もう少し丁寧にまとめると「課題に没頭して取り組んでいる心理状態で，換言すれば，興味や楽しさを感じながら気持ちを課題に集中させ，その解決に向けて持続的に努力をしている心理状態」ということになります。私は長らくやる気（自ら学ぶ意欲）の研究をしていますが，このエンゲージメントは，学習場面でやる気が喚起されている状態とよく似ています。また，上記のとらえ方では学習場面（状態）に限定されますが，もう少し安定した「普段の学習活動におけるエンゲージメント」としても取り扱うことができるでしょう。

エンゲージメントには三つの下位概念（構成要素）があります。それらは，①行動的エンゲージメント，②感情的エンゲージメント，③認知的エンゲージメントの三つです。こうした要素は，学習における積極的な取組みを，行動レベル，感情レベル，認知レベルからとらえたものといえます。

まず，行動的エンゲージメントとは，「どの程度，課題に注意を向け努力し粘り強く取り組んでいるか」ということで，この要素の代表は「努力」と「忍耐（持続性を含む）」です。「努力」とは努力して学んでいることや，一生懸命学んでいることです。「忍耐（持続性）」とは，あきらめることなく学んでいることや，学び続けていることです。授業場面を例にすれば，がんばって課題に取り組んでいる，先生の話をもとに一生懸命考えている，という状態といえます。

次に，感情的エンゲージメントとは，「どの程度，興味や楽しさといったポジティブな感情を伴って取り組んでいるか」ということで，この要素の代表は，「興味・関心」と「楽しさ」です。「興味・関心」とは，興味や関心をもって学んでいることや，学ぶことがおもしろくて学んでいることです。「楽しさ」とは，楽しく学んでいることや，いきいきと学んでいることです。授業場面を例にすれば，授業で学んでいるときには興味を感じている，楽しい，といった状態です。

第７章　集団の作用を生かしてやる気を引き出す

本章では、集団の作用を活用した指導によって、子どもの自ら学ぶ意欲を引き出し育てる方法について説明します。また、応用編として、部活での集団を対象にした指導によって、部活に対する自発的な意欲を引き出し育てる方法についても紹介します。いずれの場合も、最も大事なことは「自ら学ぶ意欲のプロセスモデル」に沿って対応することです。すなわち、子どもが学ぶこと（部活をすること）がおもしろい・楽しいと思えたり、有能感を覚えたり、集団での活動によって充実感を覚えたりするように指導することが大事です。

1　学級集団への対応

(1) 助け合いによる学習でやる気を引き出す

集団としての学級を対象にした方法では、級友の助け合いによる学習（おもに協同学習やグループ学習）で、子どもの自ら学ぶ意欲を引き出し育てることができます。これらの学習方法はアクティブ・ラーニングとしても有名になりましたが、実践的な研究でも効果がしっかり確かめられています。

熊谷・河村（２０１６）は、高校2年生を対象に、古典の授業で三ヶ月間の協同学習を行い、学習意欲（自ら学ぶ意欲を含む）が向上するかどうかを検討しました。その結果、三ヶ月後の調査で学習意欲の向上が認められました。通常の授業をする学級との比較による検討も行われていますので、この結果は確かであるといえます。

また真田・浅川・佐々木・貴村（２０１４）は、小学6年生を対象に、グループ学習（調査の測度としては子どもの相互作用の程度）が子どもの学習意欲（自ら学ぶ意欲を含む）に及ぼす影響を検討しました。その結果、学習意欲を向上させる効果が確認されました。さらに、子どもの相互作用は被受容感（級友から受容されているという感覚）を高め、被受容感は学級適応感を高め、学級適応感は学習規律（例えば、宿題は必ずする、授業では積極的に発表をする）を高め、学習規律は学習意欲を高めるという一連の流れも見出されました。グループ学習によって被受容感をもつことが、学習意欲を高める第一歩になることがこの研究で明らかになったのです。

●自己有用感を育てる

近年、「自己有用感」という言葉をよく見かけるようになりました。学級を対象にした場合、この用語は「自分は学級の重要なメンバーである」「自分は級友から信頼されている」「自分は学級の役に立っている」という感覚を意味します。こうした感覚は被受容感をベースに育つことが想定されます。自己有用感は「自ら学ぶ意欲のプロセスモデル」では充実感の一部として取り上げられていますが、自ら学ぶ意欲を引き出し高めることにもつながるものと考えられます。

また、学級の学習場面では、協同とともに競争も起こります。とくに小学校高学年以上では顕著です。競争して自分の力を磨くことも大事ですが、グループ学習では、それ以上にメンバーと協力してよりよい成果を挙げることが重要です。自分の力をグループのために生かす経験ができればすばらしいと思います。そうした経験は自己有用感を高めることにつながり、さらに自ら一緒に学ぼうとする意欲を高めます。

私は幼いころより身長が高く、顧問の先生の推薦もあり、中学校でバレーボール部に入りました。部活を通してバレーはかなり上達しました。当時の私の中学校では体育行事として「バレーボール大会」があり、私は「輝くスパイカー」になれるはずだったのですが、私のチームはレシーブが下手であったので、スパイカーでなくレシーブの要になることにしました。私としてはいいところが見せられず残念でしたが、みんなでがんばり、チームは準優勝に輝きました。チームのみんなから感謝され、チームを重視したこうした対応も大事なんだ、と思った次第です。もちろん、自己有用感もしっかり感じました。

●安心して学べる環境と仲間意識を築く

さて、協同学習やグループ学習がうまく機能するためには、子どもたちが安心して学べる教室環境が重要です。こうした環境は、小学校低学年のころは教師が中心になってつくりますが、高学年以上では、子どもが中心となってつくり、教師はサポートに回るようにするとよいと思います。いずれにせよ、教師の役割が重要です。

さらに、協同学習やグループ学習を行うベースとして、学級の子どもたちに仲間意識や信頼関係を築くことも大事です。それには、構成的グループ・エンカウンター（國分・片野、２００１・國分・國分、２００４）やピア・サポート（日本教育カウンセラー協会、２００１）といった技法の導入が効果的であると考えられます。初任の教師でも失敗することが少ないため、私自身の経験からも強く推薦したいと思います。

⑵学級の目標構造を育ててやる気を引き出す

集団の作用を活用してやる気を引き出す第二の方法は、学級の目標構造を育てることです。学級の目標構造とは、簡単にいえば「学級の子どもたちに共有されている学級の目標がある」ということです。第4章で少し触れましたが、櫻井（２０１７）を参考にもう少し詳しく説明します。最近、教育心理学の研究では、学級における「『社会的』目標構造」が注目されています。学級における社会的目標構造とは、学級において強調され、共有されている社会的目標のことで、大谷・岡田・中谷・伊藤（２０１６）は「向社会的目標構造」と「規範遵守目標構造」に分けています。

向社会的目標構造とは、学級で強調される思いやりや互恵性に関して、達成が望ましいとされる目標（例えば、「このクラスでは相手の気持ちを考えることが大事にされています」）があることです。一方、規範遵守目標構造とは、学級において強調される規則や秩序を守るという目標で、達成が義務とされる目標（例えば、「このクラスではルールやきまりを守ることができないのは、恥ずかしいことだとされています」）があることです。

大谷ら（２０１６）が小学5、6年生を対象に行った調査で、向社会的目標構造が相互学習（例えば、互いの得意な勉強内容を教え合う、興味のある勉強内容について話し合う、わからない問題を一緒に考えたり調べたりする）を媒介し、内発的な学習意欲や学業に関する自己効力感が促進されるという興味深い結果が出ました。すなわち、他者を思いやる目標が学級内で共有されると、級友がかかわり合う学習が促進され、結果として学習がおもしろくなり内発的な学習意欲が促進されたり、自分でもやればできるという自己効力感が高まったりするのです。協同や協力を重視する学級環境で、級友と一緒に学ぶうちに学習に対する興味・関心も高まることが実証された点は大きな成果です。もちろん、こうした環境では向社会的欲求が刺激され、相互学習が生じ、結果として充実感を得る、という流れで「自ら学ぶ意欲のプロセスモデル」も機能すると考えられます。

教師が学級のなかにこのような向社会的目標を定着させることができれば、子どもの自ら学ぶ意欲は自然に高まることが期待できます。向社会的目標を、子どもに見えやすい教室のどこかに掲示したり、実践として相互学習や協同学習を奨励したり、何か問題が起きたときには助け合うことの重要性を強調し対応したりすることによって、向社会的な目標を子どもたちに共有できます。学年のはじめにこうした対応を意識的に行うと、その効果は学年の終わりまで続くようです。

さらに、社会的達成目標の研究（海沼、２０１７・海沼・櫻井、２０１８）でも、重要な知見が見出されています。この研究は簡単にいえば、子どもたちが対人関係を構築したり維持したりするのは何のためかを測定し、その影響を検討した研究です。具体的には、学級において、自分をほんとうに理解してくれる友達をもつことや、級友との関係をさらに深めること、などを目標とする「社会的熟達接近目標」を強くもつ中学生は、仲間関係における充実感が高く、仲間を助ける向社会的行動が多いという結果が得られました。こうした結果から、社会的熟達接近目標をもつことは、向社会的目標構造と同様、相互学習や協同学習を促進し、自ら学ぶ意欲を高める効果が期待できます。

(3) 教師のリーダーシップによって子どものやる気を引き出す

教師のリーダーシップのあり方（櫻井、２０１７）で、子どものやる気を引き出し育てることもできます。教師のリーダーシップと子ども（小学生）の自ら学ぶ意欲との関係を検討した研究（Deci et al., 1981; 杉原・櫻井、１９８７）によると、教師が自律性を支援するタイプのリーダーシップを発揮した場合、子どもをコントロールしようとするタイプのリーダーシップを発揮する場合より、子どもの内発的な学習意欲が高まりました。

また、教師がＰＭ理論（三隅、１９７６）におけるＭ機能（学級の子どもたちの人間関係を大事にする機能：ちなみにＰ機能とは学級の子どもたちの成績向上を大事にする機能）を重視するリーダーシップを発揮した場合には、あまり発揮しなかった場合に比べて、子どもの内発的な学習意欲が高いことがわかりました。

教師は、子どもの自律性を支援するリーダーシップや、子どもの対人関係を重視するリーダーシップを発揮することによって、子どもの自ら学ぶ意欲を引き出し育てることが可能になるといえます。子どもの成績向上を大事に思うことも必要ですが、それ以上に子どもの仲間関係を大事に思うことが、子どもの学習意欲の向上には重要なようです。

なお、実験室研究（Deci et al., 1982）ではありますが、教師が管理されていると子どもへの教育も管理的（統制的）になることが報告されています。教師自身が自律的であることが、子どもに対する自律性の支援でも重要です。

2　部活への対応

(1) 部活の集団と学級集団の違い

本節では、応用編として部活（おもに運動部）でのやる気の引き出し方を説明します。部活も集団での活動であるという点で、クラスにおける学習活動と同様の指導によって子どものやる気を引き出すことができます。前節で述べた指導に対応させると、部活では、

①部員の助け合いによりやる気を引き出すこと、②部の目標構造を育ててやる気を引き出すこと、③部の指導者のリーダーシップにより子どものやる気を引き出すこと、が可能です。

ただ、部活の集団には学級集団とは異なる点があります。最も大きな違いは、部活の集団は「その部活動に興味・関心がある、得意である」などの理由で集まっているという点です。学級は公的な制度で設定された集団であり、社会心理学ではこのような集団を「フォーマル集団（公式集団）」と呼びます。一方、部活の集団はどちらかといえば生徒の私的（個人的）な理由で集まった集団であり、このような集団は「インフォーマル集団（非公式集団）」と呼ばれます。部活は教師など公的な指導者のもとで行われるので、部活の集団は完全なインフォーマル集団ではないですが、上記のように興味・関心などの理由で集まっているインフォーマル的な集団である点に特徴があることは確かです。

⑵部活におけるやる気を引き出す指導のポイント

部活場面では指導上、配慮すべきことがいくつかあります。先述の通り、私は中学校時代、バレー部に属していました。そのときのエピソードを交えながら説明します。

第一に、学級よりも競争が生じやすいということです。私が属していたバレー部でも、レギュラー選手になるために部員同士での競争が激しかったことを覚えています。当時のバレーは9人制で、ポジションは厳格に定められていました。私は背が高かったので入部当初からスパイカー候補でした。レギュラーのスパイカーになるには、ほかの部員より高いところから強いスパイクが打てること、どんなトスでもうまく打てること、高い位置でブロックができること、などが条件でした。先輩たちより背が高かった私は有利で、最終的に先輩を飛び越してレギュラーになりました。平素は先輩が主導する部活なので居心地が悪く、対人関係で大きなストレスを感じましたが、指導の先生や同級の部員に助けられながら部活を続ける意欲をもち続け、スパイカーとして活躍できました。上級生になるころにはストレスやプレッシャーも減り、ある程度の余裕をもって試合に臨んだり、後輩を指導したりできるようになりました。同級の部員にはとくに感謝です。

第二に、チームとして協力することが、大事になることです。とくに運動部では、一人で競技するのでなく集団で戦うケースが多いため、レギュラー争いに勝ってポジションを得た後は互いに助け合い、チームを勝利に導かなければなりません。また、レギュラーになれなかった場合でも、チームのサポーターとしてチームの勝利に貢献することが大切になります。自分にとってその部活が大事であるという思いが強ければ、部活を続ける意欲をもち、サポーターとしての活動も受容し積極的に動けるのではないでしょうか。バレー部時代にサポーターに徹してくれた同級生とはいまでも仲がよいです。

第三に、先輩・後輩の関係があるということです。通常の学級は同年齢集団ですが、部活は基本的に異年齢集団で、これがなかなか厄介です。とくに運動部では、後輩にレギュラーを取られると、先輩が平常心でいられないことも多いです。後輩のレギュラーに文句をつけたり、通常の練習で厳しく当たったり、さらには先輩同士で徒党を組んでいじめたりする、というようなことも起こりがちです。部全体のムードも悪くなります。

そうした事態を防ぐため、指導者の対応が必要となります。レギュラーになれなかった先輩部員のストレスを解消したり、部活のなかで役割を決め（部員に決めさせ）、積極的に活動できるようにしたりしましょう。ただ、子ども自らが決定して入部しているので、部活動が自分にとって大事であるという思いが強ければ続けるよう促してあげればよいし、どうしても辞めたいということであればその気持ちを尊重してあげればよいのではないでしょうか。部活も教育の一貫ではありますが、こうした判断はクールに行ってもよいように思います。実際の部活では、趣味程度で活動する子どももいれば、プロのスポーツ選手をめざして活動する子どももいます。子どもが部活の現状をよく理解し、自分にとって何が一番よいか判断できるよう、支援する必要があると思います。
また、親の支援も大事です。私の場合は運動部で朝練がありました。朝早く気持ちよく送り出してくれた母や、もやもやした気持ちを受け止めてくれた祖母に感謝しています。私の部活は家族や同級生や先輩・後輩、指導の先生など多くの人に支えられていました。

⑶ストレスへのうまい対処でやる気を引き出す

先述の通り、部活（おもに運動部）ではレギュラー争いなどで競争になることが多く、部員は大きなストレスを感じやすいです。競争に勝ってレギュラーになったとしても、レギュラーを維持するには相当の努力が必要です。また、大会などで勝利するためには大きなプレッシャーものしかかってきます。こうしたストレスやプレッシャーにうまく対処できれば、部活を続けていこうという気持ちが湧いてきます。その対処のもとになる力は、「自分にとっていまの部活が大事である」という気持ちではないでしょうか。また、レギュラーになれずに部活を続けている子どもは引け目を感じることも多いため、気持ちを受け止め、サポーターとしての努力をしっかり評価してあげることも大事です。

部活のストレスに対し、どのような対処が部活への意欲を維持・向上させるのか、一つの研究を紹介します。清水（２０１１）は、中学１、２年生で部活（運動部および文化部）に参加している子どもを対象に、部活のストレス（実際にはストレッサー）、対処行動、自己成長感、部活動意欲との関係を検討しました。その結果、部活のストレスがあっても、それに対して問題解決型の対処（例えば、原因を検討しどのようにしていくべきか考える、練習方法を工夫する、先生や友達から話を聞いて参考にする）をしていると、直接部活動意欲を高めたり、自己成長感を経由して間接的に部活動意欲を高めたりすることがわかりました。また、他者からのサポートを得ようとする対処（例えば、だれかに話を聞いてもらい、気を沈めようとする）も自己成長感を経て、部活動意欲を高めることがわかりました。一方、あきらめてしまう対処（例えば、解決できない問題と考え、あきらめる）は自己成長感も部活動意欲も低めてしまうことがわかりました。

部活のストレス（ストレッサー）に対して、問題解決型の対処をして、部活で自分が成長していると思えれば、部活に対する意欲が高まったり、持続したりするようです。部活での問題そのものをしっかり解決するためには、指導者や親のサポートが必要です。子どもが部活によって成長していることを確認し、子どもにストレスに対処する方法などをアドバイスするような対応が有効であると考えられます。

■第7章のおさらい

本章では、集団の作用を活用してやる気を引き出す方法について、学級集団を対象とした場合と部活の集団を対象にした場合に分けて紹介しました。

学級集団を対象にした場合には、①助け合いによる学習（協同学習やグループ学習）で引き出す方法、②学級の目標構造（学級で共有されている学級の目標があるという状態）を育てて引き出す方法、③教師のリーダーシップで引き出す方法、を紹介しました。

部活の集団を対象にした場合には、学級集団と同じ方法を利用すると同時に、その部活に興味・関心をもっていたり得意であったりする生徒によって構成される「インフォーマル集団」に近いという特徴から、レギュラーになるための競争が熾烈であること、チームとしては協同が重要であること、先輩・後輩の関係による軋轢があること、などにうまく対応する指導が重要になることを説明しました。また、部活に伴うストレスやプレッシャーへの対処として、問題解決的で積極的な対処によって自己成長感が高まり、部活の意欲につながること、その際には指導者（教師）や親、仲間によるサポートも有効であることを説明しました。

■引用文献

Deci, E. L., Schwartz, A. J., Sheinman, L., & Ryan, R.M.（1981）An instrument to assess adults' orientations toward control versus autonomy with children: Reflections on intrinsic motivation and perceived competence. *Journal of Educational Psychology*, **73**, 642-650.

Deci, E.L., Speigel, N.H., Ryan, R.M., Koestner, R., & Kauffman, M.（1982）Effects of performance standards on teaching styles: The behavior of controlling teachers. *Journal of Educational Psychology*, **74**, 852-859.

海沼亮（２０１７）「中学生の友人関係に対する動機づけに関する研究」筑波大学大学院教育研究科修士論文

海沼亮・櫻井茂男（２０１８）「中学生における社会的達成目標と向社会的行動および攻撃行動との関連」教育心理学研究、六六、四二〜五三頁

國分康孝・片野智治（２００１）『構成的グループ・エンカウンターの原理と進め方』誠信書房

國分康孝・國分久子総編集（２００４）『構成的グループエンカウンター事典』図書文化社

熊谷圭二郎・河村茂雄（２０１６）「高校生に対する協同学習の効果に関する検証：古典における協同学習実施クラスの３ヶ月後の変化」早稲田大学大学院教育学研究科紀要、二四（二）、一〇五〜一一五頁

三隅二不二（１９７６）『グループ・ダイナミックス』共立出版

日本教育カウンセラー協会編（２００１）『ピアヘルパーハンドブック』図書文化社

大谷和大・岡田涼・中谷素之・伊藤崇達（２０１６）「学級における社会的目標構造と学習動機づけの関連―友人との相互学習を媒介したモデルの検討」教育心理学研究、六四、四七七〜四九一頁

櫻井茂男（２０１７）『自律的な学習意欲の心理学』誠信書房

真田穣人・浅川潔司・佐々木聡・貴村亮太（２０１４）「児童の学習意欲の形成に関する学校心理学的研究：学習規律と学級適応感との関連について」兵庫教育大学教育実践学論集、一五、二七〜三八頁

清水安夫（２０１１）「中学生を対象とした部活動ストレスモデルの構築：Negative Wayモデル及びPositive Wayモデルによる検討」桜美林論考―自然科学・総合科学研究、二（一）、二九〜四三頁

杉原一昭・櫻井茂男（１９８７）「児童の内発的動機づけに及ぼす教師の性格特性およびリーダーシップの影響」筑波大学心理学研究、九、九五〜一〇〇頁

■コラム7　能力のとらえ方とやる気─マインドセットの原点─

ドゥエック（Dweck, 2006）の『マインドセット』という本はよく読まれているようです。私も本書の執筆時に読みましたが，研究成果をわかりやすく，魅力的にまとめている本だと思いました（本書も私の研究の素敵なまとめになっているとよいのですが）。

さて，ここでは彼女の基本的な考え方をまとめておきたいと思います。彼女は「達成目標」（有能であるために，あるいは有能であることを示すために設定する目標）を研究していて，能力観が達成目標の設定に強い影響力をもつことを発見しました。

すなわち，知的な能力は可変的で伸ばすことができるとする「増大的知能観」をもつ子は，自分の能力を伸ばそうとする「学習目標」（熟達目標）をもつことになり，一方，知的な能力は固定的で伸ばすことはできないという「実体的知能観」をもつ子は，他者から高い評価を受けることや低い評価を避けることを目標とする「遂行目標」をもつことになる，というのです。これは示唆的な発見でした。

学習目標をもった子は，失敗してもそれは努力が足りないからであると考え，さらに努力します（図9－1，206頁参照）。そして教師の適切な指導があれば，失敗をあまり重ねることなく成功に行きつき，努力してよかった，努力して能力を伸ばすことができた，とハッピーエンドとなります。

一方，遂行目標をもった子は，ほんとうに高い知的能力の持ち主であれば（ほんとうに能力に自信があれば），課題をたやすく達成して，やはり自分は高い能力の持ち主だと確信するでしょう。ところが，自分の能力に自信がない子は，課題の達成に失敗し，失敗したのは能力がないせいで，能力は固定的だから，どうやってもうまくいかないと考え，無気力になってしまいます。

一般的には，増大的知能観をもつほうが適応的だといえます。

■参考文献

Dweck, C.S.（2006）MINDSET, New York: Random House. 今西康子訳（2016）『マインドセット』草思社

第8章　個性を生かしてやる気を引き出す

本章では、前章で説明した「集団」と対をなす「個人」、とくに個人がもつ「個性」に焦点を当て、個性を生かしてやる気を引き出し育てる方法を説明します。また特別な支援として、通常学級に通級する発達障害などの障害をもつ子どもに対する方法も紹介したいと思います。

1　内発的・自律的な志向性の高い子どもへの対応

内発的・自律的な志向性のきわめて高い子どもたちがいます。極端に言えば、親や教師が特別な対応をしなくても、多くのことに内発的に動機づけられ、自律的に学べる子どもたちです。親や教師は、そうした子どもを放っておかず温かく見守ることが大事です。うまく動機づけられなかったり、学習過程でやる気を調整できなかったりすることもあるので、他者に援助を求められる環境を整える必要があります。子どもが援助を求めてきたら、ヒントを与えるなどサポートをしてあげましょう（一方的な指示は禁物で、指示は最低限にしましょう）。ただ、以下のように偏向が強すぎる場合にはそれなりの対応が必要です。

⑴拡散的好奇心によって、あまりに興味・関心が散りすぎている場合

興味の範囲が広がりすぎて一つのことに集中できない状態は困ります。幼児期の初期に一時的にそのようになることはありますが、幼児期後期（3歳前後）以降も続く場合、何らかの問題が潜んでいる可能性もあるため専門家（臨床心理士など）に相談するとよいです。

⑵特定のものにしか興味・関心をもてない場合

⑴と反対で、（おそらく）特殊的好奇心が強すぎるために、特定のものにしか興味・関心をもてない状態も困ります。興味・関心を広げられるよう促すことが大事です。私の小学校の同級生に、昆虫にしか興味のない男の子がいました。あるとき教師が「その昆虫は私たち人間にどんな影響をもたらすのか」「人間にとって役立つのか役立たないのか」といった、理科と異なる観点で昆虫をとらえてみるようやさしく働きかけました。すると徐々にほかの教科（社会）にも興味をもちはじめました。彼はその後農業関連の分野で大学に進み、研究職に就いたと聞いています。社会的不適応にならなくてよかったと思います。

2　他律的な志向性の高い子どもへの対応

お金や物質的な報酬を目当てに学習する、他律的な志向性の高い子どもがいます。大人が仕事に報酬を望むのは悪いことではありませんが、学習に対しては避けたほうがよいと私は思います。報酬がないと学習しなくなる可能性が高いからです。報酬にこだわる子どもへは、まず報酬とともによく褒めることです。心理学では報酬と称賛を「対提示」するといいます。これを継続すると褒められるだけで満足するようになります。また、学習過程で学習内容が理解されると「おもしろい」という体験も増え、これもプラスに働きます。やがて褒められなくても学習課題を理解できる楽しさだけで自発的に学べるようになり、報酬依存から脱却できます。心理学の知識を応用した巧みな対応（治療）です。

3　気質やパーソナリティへの対応

(1)気質への対応

個性というと、私の脳裏には「気質」という言葉が浮かびます。気質とはパーソナリティの生物学的な基礎の部分で、一生涯あまり変わらないとされます（成長後、自分の意思で振る舞いを調整すれば、他者から推測されるパーソナリティは変えられます）。高齢になり、自分をコントロールできなくなると、気質が表に現われるようになります。昔は温和な振る舞いだった人が高齢化に伴い横柄になったとすれば、それがその人の気質なのでしょう。気質について、トーマスとチェス（Thomas & Chess, 1980）は以下の通り、九つの気質特性（気質の性質）を見出しました（桜井、１９９７）。

①活動水準：身体的な運動傾向で、活動的か否か。
②リズム：生物学的な機能の規則性で、規則正しい生活ができるか否か。
③接近‐回避：新規な場面に対する反応で、新奇なものに近づくほうか避けるほうか。
④順応性：行動の柔軟性やこだわりのなさで、すぐに順応できるか時間がかかるか。
⑤反応強度：反応のエネルギー水準で、反応に使われるエネルギーの程度が高いか低いか。具体的には、反応の仕方が穏やかか、それとも極端か。
⑥反応閾値：反応の生起に必要な刺激強度で、刺激が強くないと反応しないかどうか。具体的には、何か指示される際に、通常の声の大きさで反応できるか、それともかなり大きな声でないと反応できないか。

⑦気分の質：機嫌のよさや愛想のよさで、いつも楽しそうか不機嫌か。
⑧気の散りやすさ：進行中の行動がほかの刺激によって中断されやすい程度で、すぐにほかのものに気がとらわれやすいかどうか。
⑨注意の幅と持続性：活動を持続する時間の長さと困難に対する耐性で、少しむずかしい課題でもじっくり取り組めるか否か。

図８－１ではこのなかのいくつかの特性を組み合わせて三つの気質類型（タイプ）が示されています。（注）にある通り「扱いやすいタイプ」「気むずかしいタイプ」「慣れるのに時間がかかるタイプ」の三つです。一般的に親は、子どもが「気むずかしいタイプ」の場合、対応に最もてこずります。その次が「慣れるのに時間がかかるタイプ」です。「扱いやすいタイプ」であると親は育てやすく、意欲も引き出しやすくなると思います。

意欲を引き出すという点についてもう少し詳しく見てみます。接近―回避の特性に関しては、新奇な場面に接近しやすいほうが、気分の質という特性に関しては、機嫌がよくそして気の散りにくいほうが、注意の幅と持続という特性に関しては、持続性が高いほうが、それぞれ意欲の喚起と持続には有利でしょう。これは子どものせいではないため、子どもの

気質類型 ＼ 気質特性	① 	② 	③ 
活動水準 （身体的運動傾向）			低～中
リズム （生物学的機能の規則性）	規則的	不規則	
接近—回避 （新奇な場面に対する反応）	接　近	回　避	初めは回避
順応性 （行動の柔軟性，こだわりのなさ）	すぐに順応	順応に時間がかかる	順応に時間がかかる
反応強度 （反応のエネルギー水準）	低～中	強	中
反応閾値 （反応の生起に必要な刺激強度）			
気分の質 （機嫌の良さ，愛想の良さ）	快	不快	やや不快
気の散りやすさ （進行中の行動が他の刺激によって中断されやすい程度）			
注意の幅と持続性 （活動を維持する時間の長さと困難に対する耐性）			

注）空欄は各タイプに決まった特徴がみられないことを示す。
　生得的に子どもが示す行動傾向の違いを気質と呼ぶ。トーマスらの研究では９個の気質特性が見出されている。これらの気質特性に注目すると，この図のように，乳幼児を３つのタイプに分けることができる。①は「扱いやすいタイプ」，②は「気むずかしいタイプ」，③は「慣れるのに時間がかかるタイプ」である。

図８－１　トーマスらによる乳幼児の気質特性と気質類型

（大渕，1988のイラストを改変）

気質をよく理解し、親や教師がそれを生かす形で対応することが肝要です。気質は生後一、二年の間に観察からわかるため、教師の場合には子どもの保護者に尋ねてみるとよいでしょう。

(2) パーソナリティへの対応

パーソナリティも大事な個性の一つです。小学校高学年以上になれば自己の内面の理解が進み、本人は、自分はこういうパーソナリティの持ち主だ、と自覚できるようになると思います。このパーソナリティについては、近年大きな発見がありました。それは、パーソナリティは五つの特性（性質）でほぼとらえられるという発見です。この五つの特性（統計上は因子ともいう）を「ビック・ファイブ（Big Five）」といいます。開放性・知性（O: Openness to experience）、誠実性・勤勉性（C: Conscientiousness）、外向性（E: Extraversion）、調和性・協調性（A: Agreeableness）、情緒不安定性・神経症傾向（N: Neuroticism）の五つで、各特性名の英語の頭文字を並べて「OCEAN（オーシャン）」とすると覚えやすいです（**表8－1**）。実際の質問紙（本物をアレンジしたもの）を**表8－2**（190頁）に示しました。大人用ですが、興味のある方は回答してみてください。

さて五つの特性と自ら学ぶ意欲との関連を考えると次のような対応や配慮が必要です。

①開放性・知性について

この特性が高い子どもは、知的好奇心や創造性が高く、内発的な学習意欲も高いことが予想されます。そのため内発的な学習意欲を刺激すると自ら学ぶ意欲を高めやすいです。

②誠実性・勤勉性について

この特性の高い子どもは、目標が設定できればそれを達成しようとする気持ちが強く、よく努力し、場合によっては完璧志向も強いことが予想されます。目標をうまく設定できるよう指導すればよいでしょう。完璧志向が強すぎる場合は80％程度の出来栄えでよしと考えさせるような指導も必要かもしれません。

表８－１　ビッグ・ファイブの５つの特性（細越，2015）

１．開放性・知性（O：Openness to Experience） この得点の高さは，新しい知識や経験を求める傾向が強く，多彩なアイディアに富むことを示す。
２．誠実性・勤勉性（C：Conscientiousness） この得点が高ければ，物事に対して真面目に，徹底的に関わり，中途半端にはしないことを意味する。
３．外向性（E：Extraversion） この得点の高さは，外の刺激に目を向けやすく社交的であることを示す。逆に得点が低い場合には，外の世界よりも自分自身の内側の世界に目が向きやすい傾向にあることを示す。
４．調和性・協調性（A：Agreeableness） この得点が高い場合，周りの他者に合わせてうまく人間関係を築くことができ，チームで活動することが得意であることを示す。
５．情緒不安定性・神経症傾向（N：Neuroticism） この得点が高いほど気持ちの波が激しく，さまざまなことに気を奪われやすいことを意味する。反対に得点が低いほど，気持ちが安定していることを示す。

表８－２　ビッグ・ファイブの質問項目例（細越，2015）

自分にあてはまるかどうかをお答えください。

	あてはまらない	ややあてはまらない	どちらともいえない	ややあてはまる	あてはまる	
1．独創的な	1	2	3	4	5	O得点　　点
2．多才の	1	2	3	4	5	
3．頭の回転の速い	1	2	3	4	5	
4．臨機応変な	1	2	3	4	5	
5．好奇心が強い	1	2	3	4	5	
6．興味の広い	1	2	3	4	5	
7．計画性のある	1	2	3	4	5	C得点　　点
8．勤勉な	1	2	3	4	5	
9．几帳面な	1	2	3	4	5	
10．いい加減な	5	4	3	2	1	
11．軽率な	5	4	3	2	1	
12．飽きっぽい	5	4	3	2	1	
13．話し好き	1	2	3	4	5	E得点　　点
14．陽気な	1	2	3	4	5	
15．外交的	1	2	3	4	5	
16．社交的	1	2	3	4	5	
17．活動的な	1	2	3	4	5	
18．積極的な	1	2	3	4	5	
19．温和な	1	2	3	4	5	A得点　　点
20．寛大な	1	2	3	4	5	
21．親切な	1	2	3	4	5	
22．良心的な	1	2	3	4	5	
23．協力的な	1	2	3	4	5	
24．素直な	1	2	3	4	5	
25．悩みがち	1	2	3	4	5	N得点　　点
26．心配性	1	2	3	4	5	
27．気苦労の多い	1	2	3	4	5	
28．弱気になる	1	2	3	4	5	
29．傷つきやすい	1	2	3	4	5	
30．神経質な	1	2	3	4	5	

③外向性について

この特性の高い子どもは社交的なので、向社会性（人と交わり人のためになることのすばらしさなど）を強調することで自己実現のための学習意欲につなげやすいです。一方この特性の低い子どもは自分の内面に目が向きやすいので、多面的な自己理解に基づいて将来の目標を定めることで自己実現のための学習意欲を喚起させるのがよいでしょう。

④調和性・協調性について

この特性の高い子どもは向社会性が高く、人や社会に役立つことで自己実現したい気持ちをもちやすいです。そのため、将来の目標を定めることで学習を進められると思われます。

⑤情緒不安定性・神経症傾向について

この特性が低い子どもは情緒が安定しているので、安心して学習に取り組めます。通常の指導で自ら学ぶ意欲は安定して喚起されるでしょう。一方この特性が高い子どもは情緒不安定なので、安心して学習ができる環境を用意することがまず必要と思われます。

4　得意教科と苦手教科への対応

中学生ごろには教科の得意・不得意（これも一つの個性）が徐々にはっきりします。

得意教科では、「子どもが望むなら」、ほかの子どもとの競争も有意義であると思います。競争してよい成績を取れれば有能感を高め、自分の力を伸ばそうという意欲につなげられるからです。よい成績を取れなかった場合でも、得意教科では基本的に有能感は高いので、次の機会に挽回しようと意欲を持続させることもできます。ただ、競争ばかりしていると競争に振り回され、学習に集中できなくなる恐れがあるので、注意が必要です。なお、こうした状況で自分の学力を把握したい子どもが多い場合、集団準拠型（相対評価型）の標準学力検査（例えば、図書文化社のＮＲＴ）を利用するとよいでしょう。

一方苦手教科では「各自で定めた目標の達成」や「過去の自分よりもできるようになること」をめざす、といった絶対評価や個人内評価に基づく取組みを進め、意欲を喚起することが得策でしょう。なお、こうした状況で自分の学力を把握したいという子どもが多い場合には、目標準拠型（絶対評価型）標準学力検査（例えば、図書文化社のＣＲＴ）を利用するのがよいと思われます。目標準拠型の評価は学習指導要領で強く推奨されているため、学校での全般的な学力の評価にはこちらのほうが適しているといえます。

競争意識が強まっている子どもにとって、絶対評価や個人内評価の考え方を受容することは簡単ではありません。そのため相応の指導が必要でしょう。だれにでも苦手があることを納得させ、こうした考え方を受け入れないと自分はダメだと自己否定し、無気力になり生きることがつらくなる可能性があることをやさしく伝えてはどうでしょうか。
自己成長の考え方を受容できるようにするための指導として、以下のような場面想定法を用いた授業案を考えてみました。まず、次のような場面を子どもに提示します。

A君は数学が苦手で、テストの順位はビリから数えるほうが早い状況です。それでも、数学の知識は社会に出てからも必要だと考え、日々何とかがんばっています。結果、少しずつ理解が進み成績もよくなってきましたが、それでもクラスのなかの順位は変わりません。

そして「A君に対して、あなたはどのようなアドバイスをしますか」と問います。子どもたちに自由にアドバイスを書いてもらい、次にグループで話し合い、最後に結果を発表し合ってクラス全体で討論する、といった流れはどうでしょうか。
予想される子どもたちのアドバイスとしては、以下のようなものが考えられます。

①努力してもクラスのなかでよい順位になれないのなら、数学の勉強などあきらめてしまう

のが一番。数学の勉強は適当にしていればよいと思う。
②人の何倍も努力すれば、数学の成績でクラスのトップになれると思う。もっと努力すべき。
③ほんとうにがんばっても順位が上がらないなら、それはA君の数学の能力が低いからだと思う。だれにでも得意・不得意はあるので、A君の場合は、クラスのなかでの順位はあまり気にしないで、自分がわかるようになることを目標にがんばることが大事だと思う（A君も数学を学ぶことが必要であることは自覚しているので）。それに、数学以外の教科で能力が高ければ、その教科ではクラスのなかでトップに近い位置につけることができると思う。

この授業で大事なことは、どんな教科でも能力の高い人と低い人がいること、それゆえどんなに努力しても相対評価（クラスのなかでの順位）ではよい成績を取れない場合があること、それでも自分の理解が伸びることをよしとして（絶対評価の基準で）がんばるのが大切であること、さらに、能力が低くても努力すれば（個人内評価の基準で）能力は伸びること、などを理解してもらうことではないでしょうか。ただ、しっかり理解できるのは、認知能力やメタ認知能力が十分に発達する中学生以降と考えられます。

なお、私はドウェック（Dweck,1986）の指摘と同様、「個人内評価」の視点から、能力は努力すれば伸びるものと考えています。ただ「相対評価」の視点からは、能力には高低（個人差）があり、能力の高い人は努力が少なくても課題をクリアできますが、能力の低い人は多くの努力をしないと課題をクリアできない、とも考えています。

5　高い能力をもっていると思われる子どもへの対応

世の中には、それほど努力せずとも教師が教えることのずっと先まで読んで理解する「一を聞いて十を知る」子どもたちがいます。英語ではgifted childrenといいます。日本語では「優秀児」と訳せばよいでしょうか。きわめて高い知能の持ち主と思われます。

こうした優秀な子どもが意欲的に学べるように指導するのは、結構大変なことです。通常のクラスでこうした子どもたちにできることを二、三挙げておきたいと思います。

第一に、通常の教育内容を簡単に理解してしまうと、結果として授業などへの興味・関心が低下してしまうので、授業の手伝い（アシスタント）をしてもらうとよいのではないかと思います。大学でいえばＴＡ（teaching assistant）のような仕事です。優秀な子どもが子どもの立場で教える側に回ることで、教えられる子どもがリラックスしたり、気軽に質問したりできることも期待できます。なお、優秀な子どももすべてのことにおいて優秀とは限らず、そのことがその子への反感（教師と同じようなことをしてお高い子どもである）を減じてくれるように思います。可能であればほかの子どもたちにもそれぞれ役割を与えるなど、優秀児が反感をもたれないように配慮できるとよいです。

第二に、授業で教えている内容をより深く掘り下げた高度な課題を個別に与えることです。そうしないと没頭して学べず、大切な自ら学ぶ意欲が低下してしまいます。教師自身で対応できない場合は、大学の専門の先生や専門機関の方に相談するのもよいでしょう。いくら優秀な子どもでも、その子の潜在的な能力が十分に発揮できる対応をしないと、潜在的な能力はしぼんでしまう可能性があります。

なお、これまでこのような優秀児は性格がよくないとか、社会性がないとかいわれてきましたが、実証的な研究ではそのようなことはまずないようです。

6　発達障害をもつ子どもへの対応

発達障害をもつ子どもも通常学級で授業を受けるようになりました。障害のある子どもも、ない子どもも、同じ学級で意欲的に学習ができたら、すばらしいと思います。

私は障害教育の専門家ではありませんが、意欲という観点から、発達障害の子どもを指導する際に通常学級の教師が留意しなければならないことを二、三挙げておきます。

第一に、褒めていることがしっかり伝わるように思いきり褒めるということです。そうしないと脳の報酬系が活性化せず、やる気が喚起されないようです（友田、２０１８）。

第二に、級友や教師の役に立っていることを強調して褒めるということです。発達障害をもつ子どもは、衝動的であったり、注意が持続しなかったり、特異な行動をとることがあるため、級友や教師に迷惑をかけていると負目を感じることがあるようです。そのため、自分がクラスで役立っている、クラスの重要なメンバーである、という気持ちを高めることが大事です。クラスで何らかの貢献ができるという面からやる気を喚起できます。

最後に、発達障害をもつ子どもには、とくに優れた能力のある子もいます。その能力をうまく利用し学習を進めることで意欲が喚起・持続されるように思います。私が指導した自閉症（現在は自閉スペクトラム症）の子は、優れた記憶能力の持ち主でした。登校途中にある家の表札をすべて暗記し、まだ漢字を習っていないのに、地図を描いて表札の漢字を一軒ずつ記していきました。障害をもつ子どもは能力の凹凸が大きいため、優れた能力で劣っている能力を補う工夫も大事です。教師の創意工夫が求められます。

■第8章のおさらい

個性を生かし、自ら学ぶ意欲を引き出し育てる方法を述べました。内発的・自律的な志向性が高い子は放置せず温かく見守ること、報酬に依存する他律的な志向性が高い子は報酬と一緒に褒め、さらに学習内容をよく理解させること、が大事と説明しました。

気質はあまり変わらないので、気質特性を生かし育てること、パーソナリティはほぼ五つの特性によって説明でき、それらに対応して意欲を引き出すこと、を提案しました。

得意教科では自発的に競争を意識し能力を高める意欲をもつこと、不得意教科では各自の目標の達成や自身の成長をよしとする意欲をもつこと、が重要と述べました。

優秀児の対応では授業などで能力を生かす工夫をすること、発達障害をもつ子の対応では級友の役に立っていることなどを意識して褒めること、が大事と示しました。

■引用文献

Dweck, C. S. (1986) Motivation processes affecting learning. *American Psychologist*, **41**, 1040-1048.
細越寛樹（２０１５）「パーソナリティ理解の方法」松井豊・櫻井茂男編『スタンダード自己心理学・パーソナリティ心理学』サイエンス社、二〇八～二三八頁
大渕憲一（１９８８）「第10章　自我と人格の発達」秦一士・平井誠也編『児童心理学要論』北大路書房
桜井茂男（１９９７）『学習意欲の心理学』誠信書房
Thomas, A., & Chess, S. (1980) *The dynamic psychological development*. Brunner. 林雅次監訳（１９８１）『子供の気質と心理的発達』星和書店
友田明美（２０１８）「脳科学からみた発達障害と愛着障害の違い」指導と評価、六四（一二）、一八～二〇頁

■コラム8　アタッチメントとは

イギリスの精神医学者ボウルビィ（Bowlby, 1969）が提唱した「アタッチメント（attachment：愛着）理論」はアッという間に世界に広まりました。それまで，主たる養育者（おもに母親）とその子どもの間に形成される心の絆（心理学では「安定したアタッチメント」という）は，「母親が子どもの空腹をみたしてくれる存在だから」という理由で形成されると考えられてきましたが，アタッチメント研究により，母親による授乳の有無に関わらず，「温かい身体接触などで子どもに安全・安心の感覚がもたらされるから」という理由で形成されることがわかったのです。これは大きな発見でした。ハーロウらによるアカゲザルを用いた巧みな実験（櫻井, 2009参照）を契機に，証拠が蓄積されました。

さて，アタッチメントは愛着と訳すことが多いのですが，心理学では困ることがあります。それは，愛着にはポジティブなイメージしかありませんが，アタッチメントはニュートラルな用語で，形容次第でポジティブにもネガティブにもなることです。アタッチメントには大きく分けて，「安定したアタッチメント」と「不安定なアタッチメント」があります。

エインスウォースらの実験などによると，1歳半くらいの子どもの場合，安定したアタッチメントでは，母子分離において子どもは泣いたりぐずったりするがそうひどくはなく，再会時には積極的に母親を求めてすぐに落ち着きます。一方，不安的なアタッチメントでは，母子分離でぐずったり泣いたりせず，再会時に母親を求めようとしないタイプや，母子分離では強い不安や混乱を示すが再会時には母親を求めながらも怒りを示すタイプ，などがあります。

どちらのアタッチメントも，子どもは母親とつながろうとしているのですが，もちろん安定したアタッチメントがよいわけです。

■参考文献

Bowlby, J.B.（1969）*Attachment and loss* (Vol.1) New York, NY: Basic Books. 黒田実郎・大羽蓁・岡田洋子・黒田聖一訳（1991）『母子関係の理論Ｉ　愛着行動』岩崎学術出版社
櫻井茂男（2009）『自ら学ぶ意欲の心理学』有斐閣

第９章　無気力から子どもを救い出す

本章では、学習面で無気力になった子を救い出す方法を、学習意欲の引き出し方を中心に説明します。基本はこれまで同様、「自ら学ぶ意欲のプロセスモデル」に沿うことです。

１　まずは子どものことをしっかり理解する

適切に対応できるよう、情報収集が必要です。まず、そもそもその子はほんとうに無気力なのか確かめましょう。無気力の程度を測定する質問紙（例えば、嶋田ら、１９９４）もありますし、複数の教師で観察を行えば、無気力か否か判断できると思われます。

ところで本章の対象は学習面での無気力（学習に対してやる気がない、集中できないなどの状態が長く続くこと）です。一般に無気力は重症化するとうつ病になりやすく、うつ

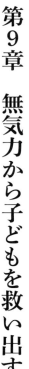

病を発症すると、学習面に限らず生活全般で意欲や集中力の低下、食欲不振、不眠などの症状が長く続きます。教師では対応できないため、うつ病が疑われる場合は専門の先生（カウンセラーや心療内科、精神科の先生）にご相談ください。

学習面の無気力とわかったら、原因を調べます。子どもとの面談でわからないことも多く、学校での観察や親や同級生の話、過去の記録（指導要録など）や心理検査などを駆使して調査します。原因には複数の要因が絡むことが多いので、ある程度わかった段階で対応し、うまくいかない場合は別の要因を探して対応する方法でよい（仕方がない）と思います。ベテラン教師やスクールカウンセラーと連携できると心強いです。教師一人の力には限界があるため、むずかしいケースほどチームでの対応をおすすめします。

2　無気力をもたらすおもな原因

学習面での無気力を生む原因について、重要なものをまとめます（坂野、１９８９）。

⑴過度の失敗経験

失敗経験から無力感（何をしても成功できないという思い）型の無気力が生じると考えられます。後に紹介する「学習性無力感」の研究はこの状態を扱ったものといえます。

「自ら学ぶ意欲のプロセスモデル」に沿うと、失敗経験に伴う無能感が過度となり、さらに成功経験に伴う有能感が大幅に不足して無気力が生じるものとも考えられます。

(2)知的能力の過不足

知的（認知）能力が低く学業面でよい成績が取れずに無気力になるケース（前項(1)の原因と連動）と、知的能力が高く授業が簡単過ぎ、学習に興味を失い無気力になるケース（第８章参照）があります。「自ら学ぶ意欲のプロセスモデル」に沿うと、前者は有能感の低下が、後者はおもに学ぶおもしろさや楽しさの低下が、原因になると考えられます。

(3)失敗事態における原因帰属の仕方

失敗しても原因を努力不足に帰属すると学ぶ意欲は持続されますが、能力不足に帰属すると、自分の力ではどうしようもないと考え、無気力になります。「自ら学ぶ意欲のプロセスモデル」に沿うと、おもに振り返りの場面での原因帰属で扱う問題といえます。

(4)対人的な要因

親の養育態度・感情・行動、教師の指導行動などです。親が固定的な発達観（発達のよしあしは生まれながらに決まっているという考え方）やネガティブな養育感情（育ちへの不安や養育の負担感）をもっていると、ネガティブな養育行動（軽く叩くことや感情的な叱り）としてあらわれ、子どものやる気を奪ってしまいます（櫻井、２０１６）。指導と称した教師の体罰や子育てと称した親の虐待も、当然子どものやる気を奪います。また、友達との関係におけるいじめも対人的要因に入ります。この要因は「自ら学ぶ意欲のプロセスモデル」では、安心して学べる（対人的な）環境の欠如として扱います。

3　「自ら学ぶ意欲のプロセスモデル」に沿って無気力の原因へ対応する

前項の無気力をもたらす原因に対して、「自ら学ぶ意欲のプロセスモデル」に基づくとどのような対応ができるでしょうか。**図２－３**を参照しながらお読みください。

⑴過度の失敗経験への対応

図２－３の「情報」の重要な部分に「教育」があり、もちろんそれには教師の指導が含まれます。教師は、子どもが過度な失敗をしないよう指導することが大事です。具体的には、見通しを立てるときにはどの程度の問題に挑戦するか、どのような学習方略や学習調整方略がよいかをアドバイスする、振り返りのときにはあまり厳しい評価をしないようにする、少しの失敗なら大丈夫と激励する、などで失敗を重ねにくくなるものと考えられます。補習によって授業内容の理解を深めさせることも効果があるでしょう。

失敗が続くと、自分ではどうしようもない（統制不可能性の認知）、これからもこの状態が続くのではないか（将来に対する統制不可能性の認知：統制不可能性の予期ともいう）と無気力の道へ進みかねません。失敗を止め、成功を経験させることが大事です。

なお、その子にとって簡単と思える問題ができても、本人は有能とは感じません。また、褒め方には注意が必要です。「頭がいいね」「能力があるね」などは厳禁で、「やればできるね」「よくがんばったね」くらいが現実的でよい褒め方ではないでしょうか。

(2) 知的能力の過不足への対応

知能検査（認知能力検査）や観察などで、無気力な子どもの知的能力がとくに低いと判断された場合は、教師の指導でクリアすべき目標を低くしたり（見通し）、学習過程で学習方略を調整させたり、振り返りのときにできた部分を褒めたりしましょう。学習内容が理解でき、テストなどでよい点を取れるようにすることが重要です。協同学習やグループ学習では、ほかの子どもをよくサポートしてくれる級友を近くにしてあげると同じような効果が得られると思います。一方、無気力な子どもで、知的能力がとくに高いと判断される子の場合は、むずかしい課題を与えたり、教師のアシスタント役をさせたりして、学ぶおもしろさやその後の達成感、有能感、自己有用感などを高めることがよいと思います（第

8章参照）。

(3) 失敗事態における原因帰属への対応

無気力な子どものなかには「自分はどうせ能力がないから、どんなに努力してもむだだよ」とわざわざ大きな声で話す子がいます。そうした子の様子を見ると、どこか寂しそうで、ほんとうはできるようになりたい、という思いが秘められているように見受けられます。そうです、だれだってできる人間でありたいと思っているはずなのです。失敗経験が続き、能力（この場合、固定的で伸びないもの）がないと思い込んでいる状態です。どう対応すればよいでしょうか。**図2－3**でいえば、振り返りにおける原因帰属を指導すること、できるだけ早く成功へ導くよう指導すること、の二つが大事です。後者の成功への指導については前項(2)で説明したので、ここでは原因帰属の指導をまとめます。

原因帰属への対応では『マインドセット』の著者である、ドゥエック（Dweck, 2016）の考えが参考になります（**図9－1**、206頁）。少々脱線しますが、私が在外研究でデシ教授（ロチェスター大学）のもとで研究をしていたとき（1990年から1年ほど）、幸運にもドゥエック先生の講演を間近で聴くことができました。ドゥエック先生について、チャーミングで聡明な女性だとの強い印象が残っています。こんなに有名になるのでしたら、名刺交換をするとか、サインをもらうとか、しておけばよかったと後悔しています。

さて第一ステップは、「能力は努力すれば伸びる」（この場合、固定的なものでなく可変的なもの）という考え方（心理学用語で「信念」）をもつことです（これが最も大事）。成長すると能力は固定的なものととらえがちですが、努力して成功した場合、能力は伸びるものと理解して問題ありません。「努力すれば能力は伸びる」という考え方に立てれば、能力（固定的なもの）がないから成功はあきらめる、とはならず、以下に示す繰り返しにより、失敗から脱却できます。

第二ステップは、自分の能力を伸ばすため努力することです。第三ステップは、失敗しても能力がないのではなく、努力不足だったと考え、また努力するということです。努力の結果成功すれば、努力すれば能力が伸びる、との信念を確認することになります。失敗が続くこともあるでしょうが、教師

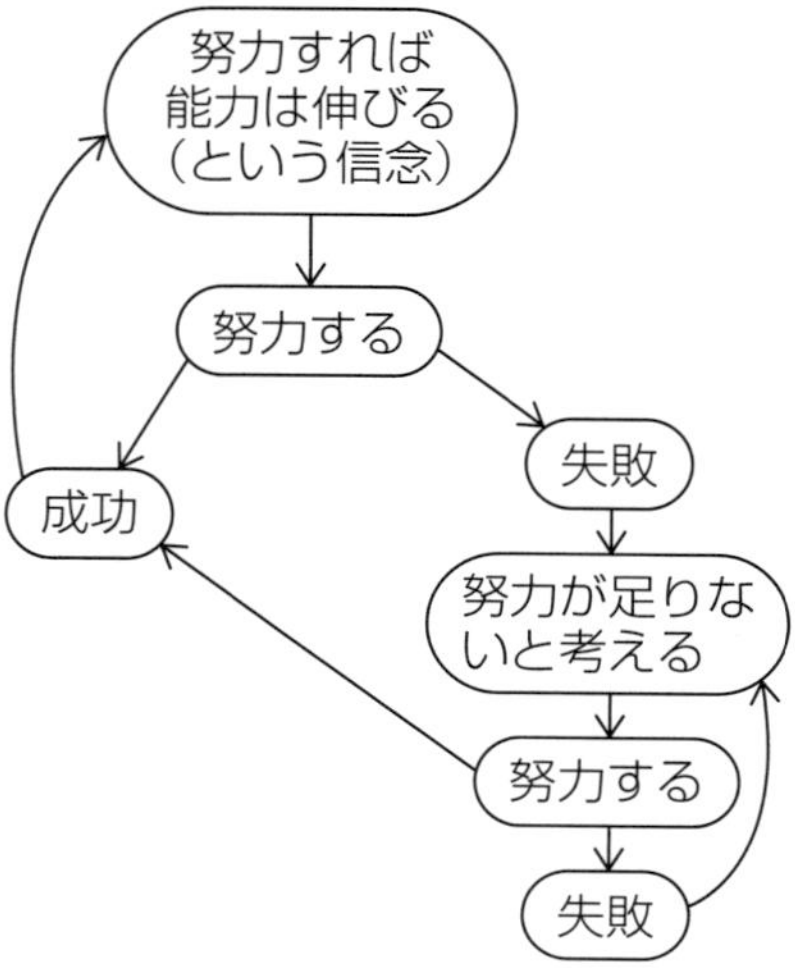

図９－１　努力して能力が伸びる学習者

の適切な指導で成功に導きましょう。

「努力すれば能力は伸びる」との信念のもと努力できれば、無気力にはならないでしょう。あるいは無気力になってもすぐ脱出できると思います。ただ先述の通り、失敗が続くときには教師のサポートが必要です。基本からしっかり教えることで子どもが学習内容を理解し、よい点を取って成功する、という流れをつくってあげましょう。ただしサポートを受け入れるかどうかは、信頼関係（子どもが教師に対し「先生は自分のことをよく理解してくれている」という思いがあること）が必要なようです（桜井、１９９７）。

ところで能力の程度（高低）について、自分の能力を他者と比べたとき、以下のむずかしい問題があることも了解していてください。それは、自分より少ない時間・努力で学習内容を理解し、テストでもよい点を取れる子どもは、自分より能力が高いといえるということです。これは能力の高さの問題で、能力が伸びることとは違う次元の話です。しかし他者と比較する限り、能力の高低はナイーブで悩ましい問題であり続けます。

そこで、能力の高低についてどのような指導・対応をすればよいか私案を提案します。

小学校低学年のころは、努力する人は能力がある、能力のある人は努力する（努力＝能力）と考えているようなので（Nicholls, 1989）、自分の成績がよくないときは自分ががんばらないからだととらえられます。したがって、能力差はほぼ問題にはなりません。

成長に伴い、能力があれば努力せずともよい成績が取れ、能力がないと努力しないとよい成績が取れない、との考えになり、他者との比較での自分の能力が問題になります。成長とともに自己理解が進み、能力の凹凸がはっきりすることを生かして指導することがポイントです。他者と比べれば、高い能力／低い能力（個性）があることを素直に受け入れる姿勢が大事でしょう。私は基本的に、人間には何か優れた能力が一つはあると信じています。中学生ではまだ自己理解が不確かなので、短所ばかり気になることもあると思いますが、ほかの能力はどうか（高い能力がないか）と考えるよう促すとよいです。

中学校ではオールマイティの子でも、高校に入ると苦手な教科が出てきます。教科によって能力の高低があることをより実感することになるのです。私も数Ⅲがからっきしできず、数ⅡBが結構得意でした。世の中にはアッと驚くような優れた能力の持ち主もいますが、そうでない人のほうが圧倒的に多いことを知り自己受容すべきだと考えます。

⑷対人的要因への対応

これは、安心して学べる環境を用意する、という対応で、自ら学ぶ意欲のプロセスモデルで扱えます。要因は、以下のようにまとめられます。

①親の要因：固定した発達観、ネガティブな養育感情や養育行動、虐待
②教師の要因：指導不足、体罰
③級友や友達の要因：いじめ

①と③の要因について、教師はできる範囲で改善に向け努力する必要があります。家庭も学校も安心できる居場所にならないと、子どもは学習に積極的に取り組めません。②については、指導不足を解消するため研修に参加したり、ベテラン教師の指導を受けたりするとよいと考えます。体罰については言語道断なので、絶対にしないし許さない、という気持ちを強くもつことが大事です。カッとなりやすい人やストレスをためやすい人は、独自のリラックス法を日ごろから習得しておくとよいでしょう。

4　無気力の理論に基づいて対応する

現代社会では、無気力やうつ病で悩んでいる人が多いといわれています。そのため臨床心理学では、無気力やうつ病の治療や対策が重要な研究テーマの一つとなっています。臨床への応用のため、社会臨床心理学では、無気力に関する理論やモデルが数多く検討され

ています。ここでは、学習性無力感理論とその進化形である改訂学習性無力感理論を簡単に紹介し、学習面での無気力への対応の仕方について説明します。

セリグマンら（Overmier & Seligman, 1967; Seligman & Maier, 1967）は、避けられない電気ショックを繰り返し与えられた犬が、電気ショックを避けられる別の場面でも回避せず電気ショックを受け続けることを発見し、この状態を「学習性無力感（learned helplessness：略してLH）」と命名しました。そしてこの現象が人間でも起こることを確認し、うつ病の一つのモデルを検討する方向に研究は発展しました（櫻井、２００９）。

この研究で中心となる概念は「統制不可能性（uncontrollability）の予期」です。先の実験でいえば、犬が電気ショックは自分の力では避けられない（コントロールできない）とまず認知し、その状況が今後も続くと予期することで、これが無気力やうつ病をもたらすと考えるのです。その後の改訂学習性無力感理論では、統制不可能性の予期がどのようなメカニズムで起こるかが検討され、原因帰属が導入されました。統制できないネガティブな状態（失敗場面も含む）の原因が能力不足に帰属されると、能力は一般的に容易には変えられない（固定的な能力観による）ため、将来も統制不可能であると予期して無気力になり、努力不足に帰属されると、努力は自分の意思で比較的容易に変えられるため、将来も統制不可能であるとの予期は起こらず、無気力になりにくいとしたのです。この理論は多くの研究により支持されましたが、課題も残ったため、現在はホープレスネス（hopelessness）理論（櫻井、２００９）として研究が続いています。

こうした理論から得られるのは、学習場面で失敗した場合、努力不足、体調不良、運の悪さなど、将来続きそうもない要因に原因帰属すること、さらにそのなかでも、努力不足のような自分でコントロールできる要因に帰属すること、がより好ましいということです。ただ子どもの場合、それだけでは無気力から脱出できないことも多いようです。

私は１９９０年代から無気力に関する研究をはじめ、ドゥエックらの達成目標理論（Dweck, 1986）と、セリグマンらの改訂学習性無力感理論（Seligman, 1975）のよいところどりで、学習場面に特化した「無気力発生のモデル」（桜井、１９９５、２０００）を提案しました。このモデルの詳しいことはほかの文献（櫻井、２００９）に譲りますが、おもな実証研究によると、学習場面における失敗を努力不足に帰属しても、無気力を防ぐことはできなかったのです。改訂学習性無力感理論やマインドセットの考え方に従えば無気力を防止できるはずですが、努力不足という要因はそこまで強力には作用しなかったのです。なぜか検討してみたところ、次の同様の機会に努力したいと思っても、「どのように努力すればよいかわかっていないこと」が強く影響していると考えられました。すなわち、具体的な学習場面で学習方略や学習調整方略をうまく使えないなど、自己調整（メタ認知）がうまく機能しない子どもでは、どんなに努力不足に帰属しても学習が改善されないということなのです。子どもが失敗場面の原因を努力不足と回答したら、どのように努力すればよいのかを確認し指導することが大事であると思います。

私が出会った子どもで、テストで失敗するといつも「努力しないせい」と話す子がいました。知能検査などの結果は問題なく、努力さえすればできる子でした。努力できない理由を尋ねると「すぐ勉強に飽きてしまう」というのです。そこでいろいろな方法を考えて話し合い、嫌いな勉強の後に好きな勉強をすることと、三十分勉強して飽きたら十分休んで再開することを約束しました。これが功を奏したのか次第に勉強ができるようになり、しばらくして「こうやってやればできるんだとわかった！」と報告を受けました。成績も上がり、自分に適した学習調整方略を見出すことは大切だと実感した次第です。

ところで、２０１７年改訂の学習指導要領における変更点はご存知でしょうか。動機づけ研究者の私は、動機づけ面での変更に興味があります。今回の改訂で観点別評価の観点が四つから三つになり、四つのうちの一つであった「関心・意欲・態度」が「主体的に学習に取り組む態度」になりました。教育現場での評価では①粘り強く学習に取り組むこと、②自己調整によって自律的に学習を進めること、が強調されているようです。①のためには、能力は努力で伸びるとの信念のもと失敗にめげず努力することが、②のためには、努力に対してできるだけ早く成功できるよう学習過程で学習方略や学習調整方略（**表1－1**や**表6－1**）を適切に使えるよう指導することが、重要だと思いました。

5　報酬を上手に使う

行動主義心理学や行動分析学では、報酬を与えて学習を進めます。報酬に学習意欲を高める効果があるからでしょう。一方、自己決定理論の下位理論である「認知的評価理論」（第1章参照）では、物質的な報酬は内発的な学習意欲を低減させることが実証されています。両者の間には一見不整合があるようですが、実はどちらの考え方も正しいのです。

図9－2（214頁）をご覧ください。学習初期で学習意欲のない、無気力な状態（無気力の段階）では、学習に参加させるために物質的な報酬であるご褒美を用い、学習がうまくいった際も同様にご褒美を与えることが大事です。そして物質的な報酬に依存させないため、必ず一緒に褒めます（称賛：言語的な報酬）。とくに学習の初期段階では大いに褒め

ることが有効です。指導側との信頼関係も形成されやすくなります。やがて他律的に（だれかが促すと）学習するようになります（他律的な学習意欲の段階）。そうなったら、よくできたときにのみご褒美を与えさらに褒めます。

そのうち学習そのものが理解でき、テストでよい点が取れると、学習に興味・関心をもてるようになります（自ら学ぶ意欲の段階）。この段階では物質的な報酬はむしろ逆効果となります（予告せずたまに与えるご褒美なら問題ありません）。また、言語的な報酬は自ら学ぶ意欲を低減することがほぼないため、褒めるのは大丈夫です。ただし、子どもが褒められることを目的に学習するようになるのは避けましょう。

小学校高学年以上では、自分で自分を褒めたり、失敗した際に自分で自分を激励したりできるようになる（自己強化）ので、この機能を生かすこともできます。子どもの学習する姿を見守り、援助を求めてきたら答えてあげましょう。それ

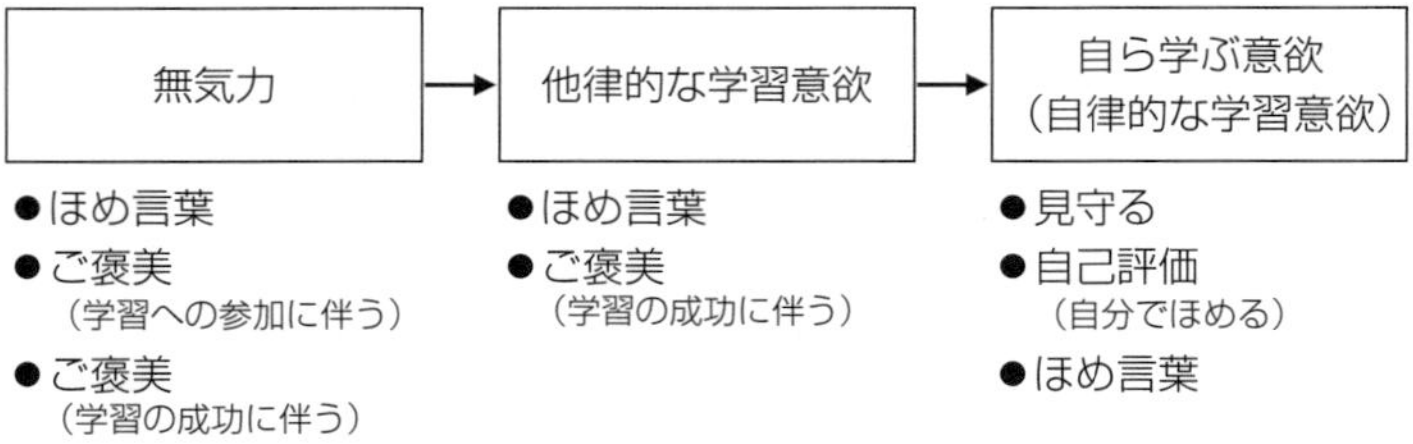

図9－2　それぞれの学習意欲に適した報酬（櫻井，2009）

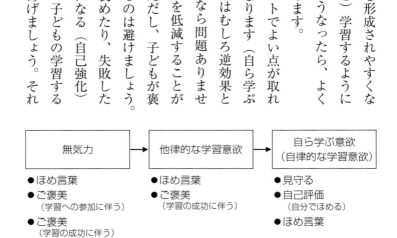

が彼らにとって安心して学べる環境となります。

6　教師期待効果に基づいて対応する

みなさんは、大学の教職の授業で学ばれたであろう、教師期待効果（ピグマリオン効果）を覚えておられるでしょうか。簡単にいえば「学級のある子どもたちは学習面の成長が期待されるが、別のある子どもたちには成長が期待できない」との偽情報をとくに権威のある者から与えられると、教師はその情報通り、ある子どもたちには期待をし、別の子どもたちには期待をせず、結果、期待をした子どもたちは学習面で成長し、期待をしなかった子どもたちはあまり成長しない、という現象があらわれることです。教師の期待が実現するという意味で、教師期待効果と呼ぶようになりました（櫻井、２００９）。

「自分には能力がない、ゆえにだれにも期待されていない」と思っている無気力な子どもには、「個別に期待すること」が効果的です。期待をかけることとは、その面での能力があると教師が思っていることを意味します。その子の身の丈にあった現実的な期待をすることが大事です。子どもはそうした期待をしてくれる教師に対して、「先生は自分のことをよくわかっていて、期待をしてくれたのだ」と思い、それに応えるようにがんばれるのです。適切な水準の期待であれば実現し成功しやすいので、まさに期待通りに子どもは成長していくでしょう。もちろん、教師は期待が実現するように子どもをサポートします。というか、自然にサポートしてしまいます。これはすごいことだと思います。

7　カウンセリングによって子どもの適応を促す

無気力な子どもにとって、親身に自分のことを考えてくれる教師はありがたい存在です。子どもの話によく耳を傾けること、話を聞く際には批判せず受容的に聞くこと、共感できるところは共感し、その気持ちを言葉で伝えること、が大事です。ときに教師自身の似た経験を話してあげることも、教師との心理的な距離を近づけ、勇気を与えることにつながります。私がやる気の出ない子どもと話す際には、その子の状況と似た、自分が無気力になった体験を話すようにしています。そうすると「先生もぼくと同じような無気力になるの？」と問われるので、「結構、なるよ」と返します。すると「ぼくも、大丈夫かな？」と聞いてきますので、「大丈夫」と力を込めて返すようにしています。

動機づけの研究者である私も、たびたび無気力になります。無気力になってもそこから脱する経験を重ねるとノウハウがわかり、ストレスに強くなります。いわゆるレジリエンス（回復力）が高くなるわけです。「無気力になるのはダメな人間の証だ」などと否定的に受け止めず、「だれでもなることで、脱出できれば大丈夫」と伝えてほしいです。

カウンセリングというとむずかしく聞こえますが、困っている子と話し、困りごとを一緒に解決していく営みと考えてもらいたいです。みなさんに、無気力な子どもが安心して話せる教師になってほしいと切に願っています。それは、自ら学ぶ意欲のプロセスモデルの「安心して学べる（対人的）環境」の最も重要な要素（存在）だと確信しています。

■第9章のおさらい

学習面で無気力な子どもたちを、無気力状態から他律的な学習意欲の状態へ、そしてさらに自ら学ぶ意欲（自律的な学習意欲）の状態へと導く方法について説明しました。

まず、無気力な子どもの状態や（複数の要因が絡みやすい）原因を把握することの重要性を述べました。おもな原因に①過度の失敗経験、②知的能力の過不足、③失敗事態における（おもに固定的な能力への）原因帰属、④虐待、体罰、教師の指導不足、いじめなどの対人的要因、を挙げ、「自ら学ぶ意欲のプロセスモデル」に沿って対応できることを示しました。失敗事態の原因帰属では「能力は努力すれば伸びる」というマインドセットの考えに沿うこと、できるだけ早く成功経験をさせることが重要と説明しました。

さらに改訂学習性無力感理論に基づく努力帰属の導入（ただし、努力の仕方の指導が必要）、学習意欲の発達段階に基づく報酬の付与（学習の初期〈無気力な段階〉や他律的な学習意欲の段階ではご褒美と称賛、自ら学ぶ意欲の段階では多少の称賛と見守りが大事）、子どもへの期待、教師によるカウンセリングも重要であることを説明しました。

■引用文献

Dweck, C. S.（1986）Motivation processes affecting learning. *American Psychologist*, **41**, 1040-1048.

Dweck, C. S.（2007）*Mindset*. New York: Random House. 今西康子訳（２０１６）『マインドセット』草思社

Nicholls, J. G.（1989）*The competitive ethos and democratic education*. Harvard University Press.

Overmier, B. J., & Seligman, M. E. P.（1967）Effects of inescapable shock upon subsequent escape and avoidance responding. *Journal of Comparative and Physiological Psychology*, **63**, 28-33.

坂野雄二（１９８９）『無気力・引っ込み思案・緘黙　情緒障害児双書⑤』黎明書房

桜井茂男（１９９５）『「無気力」の教育社会心理学』風間書房

桜井茂男（１９９７）『学習意欲の心理学』誠信書房

桜井茂男（２０００）「無気力の心理学―動機づけ概念を中心にした無気力発生のモデルの検討」至文堂編、現代のエスプリ、三九二、六一～七〇頁

櫻井茂男（２００９）『自ら学ぶ意欲の心理学』有斐閣

櫻井茂男研究代表（２０１６）「学ぶ意欲に及ぼす子育て関連要因の影響に関する研究」日本教材文化研究財団編

Seligman, M. E. P.（1975）*Helplessness: On depression, development, and death*. San Francisco: W.H. Freeman. 平井久・木村駿監訳（１９８５）『うつ病の行動学』誠信書房

Seligman, M. E. P., & Maier, S. F.（1967）Failure to escape traumatic shock. *Journal of Experimental Psychology*, **74**, 1-9.

嶋田洋徳・戸ヶ崎泰子・坂野雄二（１９９４）「小学生用ストレス反応尺度の開発」健康心理学研究、七、四六～五八頁

■コラム9　学力における遺伝の影響

人間の成長・発達に及ぼす遺伝と環境の影響については，だいぶ昔から議論されてきました。心理学ではこれまでのところ，心理学的な形質（知能，学業成績，意欲，パーソナリティ，発達障害，反社会的行動，物質依存など）には，遺伝と環境が相乗的に働くとされる「相互作用説」が定説と考えられてきました。

ところが，行動遺伝学の登場によって，遺伝と環境の影響は加算的であるとする「輻輳説」が急浮上してきました。今後，両支持者による論戦が盛んになるものと思われます。

ここでは，行動遺伝学の知見に基づき，学業成績と関連する変数の遺伝と環境による影響の割合（安藤，2018）についてまとめておきたいと思います。遺伝と環境の割合を合算すると100％になりますので，遺伝の割合のみをお伝えします。学業成績と知能で60％程度，意欲の一部と考えられる自己効力感（やればできるという感覚）で40％程度，パーソナリティで50％程度となっています。また別の資料（安藤，2000）では，知能が52％，学業成績が38％，創造性が22％，職業興味が48％，パーソナリティの一特性である外向性が49％，神経質が41％となっています。

知っておいていただきたいことは，学業成績や知能の遺伝率が予想よりも高いということです。また，意欲も同様です。これらの結果からいえること（私が考えたこと）は，小・中学校程度の教育内容であれば，時間をかけて努力すればほぼパーフェクトに習得できると思いますが，おそらく高校以上になると，どんなに努力しても達成できない教育内容（いわゆる専門性の高い教科）が出てくるものと考えられます。ちなみに私は高校の物理と数学Ⅲが苦手で嫌いでした。そうしたものにまで努力を強調することは不幸な事態を招くように思うのです。

ドウェックの「能力は努力をすれば伸びる」とする考えは，おもに小・中学校の子どもにうまくフィットするにように思われます。

■参考文献
安藤寿康（2000）『心はどのように遺伝するか』講談社
安藤寿康（2018）『なぜヒトは学ぶのか』講談社

エピローグ

読者のみなさん、本書を読み終えることはできましたでしょうか。なんとか最後まで読み終えることができたのであれば、筆者としてうれしい限りです。

次にその感想は、いかがでしょうか。「おもしろかった」「役に立つような気がした」「とても勉強になった」「知人にも紹介したい」などのポジティブな感想であればそれに越したことはありません。しかし、「もっとやさしく説明してほしかった」「もっと事例を紹介してほしかった」「もっと新しい研究を示してほしかった」などのネガティブな感想であっても、残念ではありますがそれはそれで成長の糧になりますので、大変ありがたいと思っています。いずれの感想であっても、具体的なコメントやアドバイスをお届けいただけましたら幸いです。

ただ、何よりも大事なことは、みなさんが「意欲的な子どもを育てる自信がもてるようになったかどうか」です。本書を読んで、無気力な子どもを意欲的に育てる「いくつか」の方法を習得できた、あるいは考えることができるようになった、ということであれば大成功です。本書を執筆し出版した甲斐があり、筆者としてはこの上ない喜びです。

これまで何冊か動機づけに関する書籍を執筆してきましたが、今回はとても楽しくかかわり、有意義な時間を過ごさせてもらいました。大学を退職し、自分一人では研究ができない状況になりましたので、これまでの研究成果を教師や保護者のみなさんのお役に立てる形で書籍にできることが大きな楽しみになっています。また、たくさんの研究成果を一つずつ振り返るなかで、当時は気づかなかった、新たな発見をすることも多々ありました。年をとることには、よい面があるようです。これから、私のなかで少しずつ熟成された解釈や考えをみなさんに提供していけるのではないか、と自負しています。さらに教師や保護者のみなさんだけでなく、子ども向けに、わかりやすい形で動機づけの書籍を書いてみたいとも考えています。私は子どもたちが大好きなので。

いずれにしても、日々切磋琢磨して、これからも多くの方に役立ててもらえるような書籍を執筆していきたいと希望しています。さらに、教育現場には疎いほうなので、積極的に足を運び、より具体的で効果的なアドバイスができるようにもなりたいと思っています。

さて、本書の執筆時、わが家の和室に資料や本をうずたかく積みあげたり、熱中して机のまわりに資料や本を散乱させたりして、妻の登世子と息子の祐輔には多大な迷惑をかけました。そのような状況でも、温かく見守ってくれた二人に心から感謝します。

また、本書の出版では、図書文化社社長の福富泉様はじめ同社編集部の大木修平様ならびに加藤千絵様に大変お世話になりました。みなさまのおかげで、このような教育書を刊行できたものと思います。心より感謝申し上げます。

令和元（2019）年5月

著者　櫻井茂男

○著者紹介

櫻井茂男（さくらい しげお）

1956年長野県生まれ。筑波大学大学院心理学研究科（博士課程）心理学専攻修了（教育学博士）。日本学術振興会特別研究員，奈良教育大学助教授，筑波大学人間系教授などを経て，現在，筑波大学名誉教授。学校心理士。

著書：『学習意欲の心理学――自ら学ぶ子どもを育てる』（誠信書房，1997），『自ら学ぶ意欲の心理学――キャリア発達の視点を加えて』（有斐閣，2009），『たのしく学べる最新発達心理学――乳幼児から中学生までの心と体の育ち』（編著，図書文化社，2010），『たのしく学べる乳幼児の心理 改訂版』（共編著，福村出版，2010），『スタンダード 発達心理学』（共編，サイエンス社，2013），『子どものこころ――児童心理学入門 新版』（共著，有斐閣，2014），『改訂版 たのしく学べる最新教育心理学』（編著，図書文化社，2017），『自律的な学習意欲の心理学――自ら学ぶことは，こんなに素晴らしい』（誠信書房，2017）など多数。

自ら学ぶ子ども

2019年8月10日　初版第1刷発行［検印省略］

著　者　櫻井茂男
発行人　福富　泉
発行所　株式会社　図書文化社
〒112-0012　東京都文京区大塚1-4-15
Tel: 03-3943-2511　Fax: 03-3943-2519
http://www.toshobunka.co.jp/
カバーデザイン　中濱健治
印　刷　株式会社　厚徳社
製　本　株式会社　村上製本所

ISBN　978-4-8100-9734-4　C3037